「障害を持った子どもたちのための水泳指導」

直井寿徳
増渕順恵
鈴木ほがら［共著］

健康ジャーナル社

はじめに

プール活動は学校の体育の授業において、欠くことのできないカリキュラムのひとつです。特別支援学校においてもそれは同様です。そのことは、全国の特別支援学校の約7割にプールが設置されていることからもわかります（「特別支援学校のスポーツ環境に関する調査」文部科学省委託事業2013年調べ）。

水の中では重力の影響が軽減されるため、陸上では思うように動けない子どもたちも、過度な努力をしなくても自発的に動くことが可能で、むしろ障害を持っている子どもたちにとってこそ、プールでの指導が大きな意味を持つと言えるでしょう。

では、プールにおける指導の目標は何でしょう。それはもちろん「泳ぐこと」です。重い障害を持った子でも、水を楽しみ、泳ぐことは可能なのです。

「でも、どうやったら安全に楽しく泳げるように指導できるのかな……」

そのような疑問をお持ちの方はきっと多いと思います。この本はそうした疑問にお答えするためにつくりました。

私たちは、理学療法士として約30年にわたり、ハビリテーション・リハビリテーションと同時に、水泳指導も行ってきました。

重症児・者や気管切開をした子たち、水が怖くてプールサイドにも行くことができなかった子どもが、水の中で楽しみ、泳げるようになりました。中には、25メートル泳げるようになって大会に出た子もいます。そうしたたくさんの子どもたちとの出会いがあり、彼らとの体験の中で培ってきたノウハウをまとめたのが本書です。

特別支援学校のプール授業に悩み、日々格闘しておられる先生方も多いことと思います。私たちの考え方や指導のポイントなどについてご理解いただけるようであれば、ぜひ本書をご活用ください。楽しく安全な水泳指導を実現し、その結果、子どもたちの笑顔が増えることを心より願っています。

直井寿徳
増渕順恵
鈴木ほがら

目次

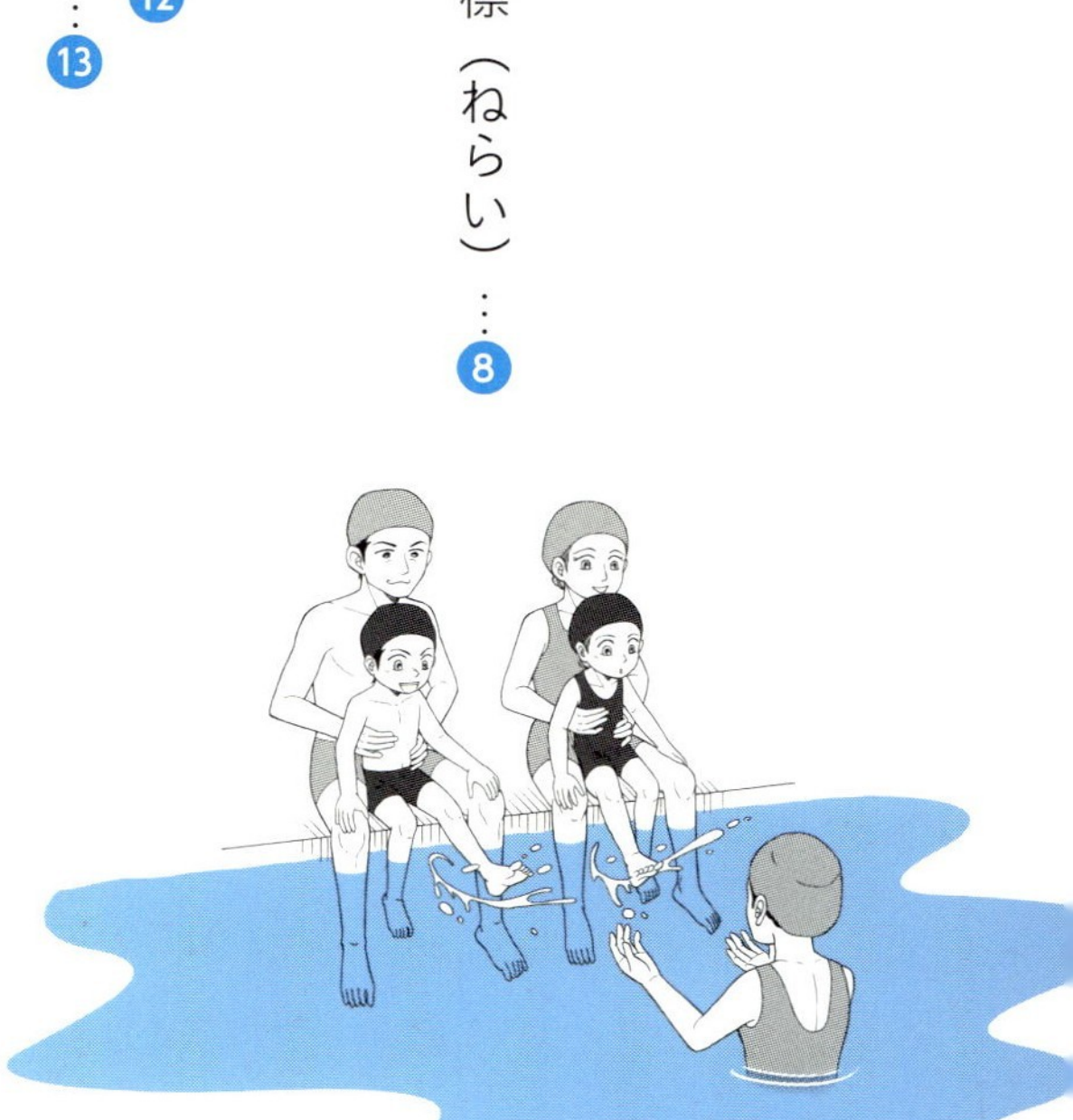

本書の発行に際し、次の方々に多大なる協力をたまわりました。
謹んで御礼申し上げます。

NPO法人 Social Development Japan 様
若林聡様
株式会社プラネット・ビジネス・サポート様
富田オリエ様
白藤陽様、すみ子様、なな子様
すてっぷばいすてっぷ様
中島繁様、ゆみ子様

Special Thanks

直井富美子様
小菅太郎様
直井梅次郎様、信子様

イラスト　きのしたみえこ
ブックデザイン　小田直司（ナナグラフィックス）

◉本書に登場する先生と生徒たち◉

LESSON 1

障害を持った子どもへの水泳指導の目標（ねらい）

私たちが子どもの頃のことを思い出してみましょう。暑い夏の陽射しの下、プールサイドで「まだかな、まだかな」と入水開始を待ちわびたこと。水泳帽に1級の証の黒線をつけたくて頑張った進級テストのこと。

特別支援学校の子どもたちも、私たちの子ども時代と同じように水に親しみ、水泳を楽しみたいと思っています。それでは、プールにおける指導の目標は何でしょうか？　それはやはり「泳ぐこと」です。

では、彼らが泳いだり、水を楽しんだりするためにはどうしたらよいでしょうか。

まずは心身ともにリラックスすることです。身体に余計な力が入ってしまうと自由な動きができなくなるからです。このようにリラックスできるようになることを「水慣れする」とも言います。

気持ちも大事です。「水が怖い」と感じると、やはり身体に力が入ってしまいます。逆にリラックスできれば、身体は自然に水に浮いてきます。浮いた状態でバランスを保ち続けることができると、「浮き身」がとれます。浮き身までくれば、自発的に身体のどこかを動かすことで水の上を移動できるようになります。これが「泳ぎ」です。四泳法や「◯◯泳ぎ」という名称がついていなくても、一人ひとりの「オリジナル泳法」になるのです。

子どもたちを安全に介助することは基本中の基本ですが、その前に、子どもたちがどの

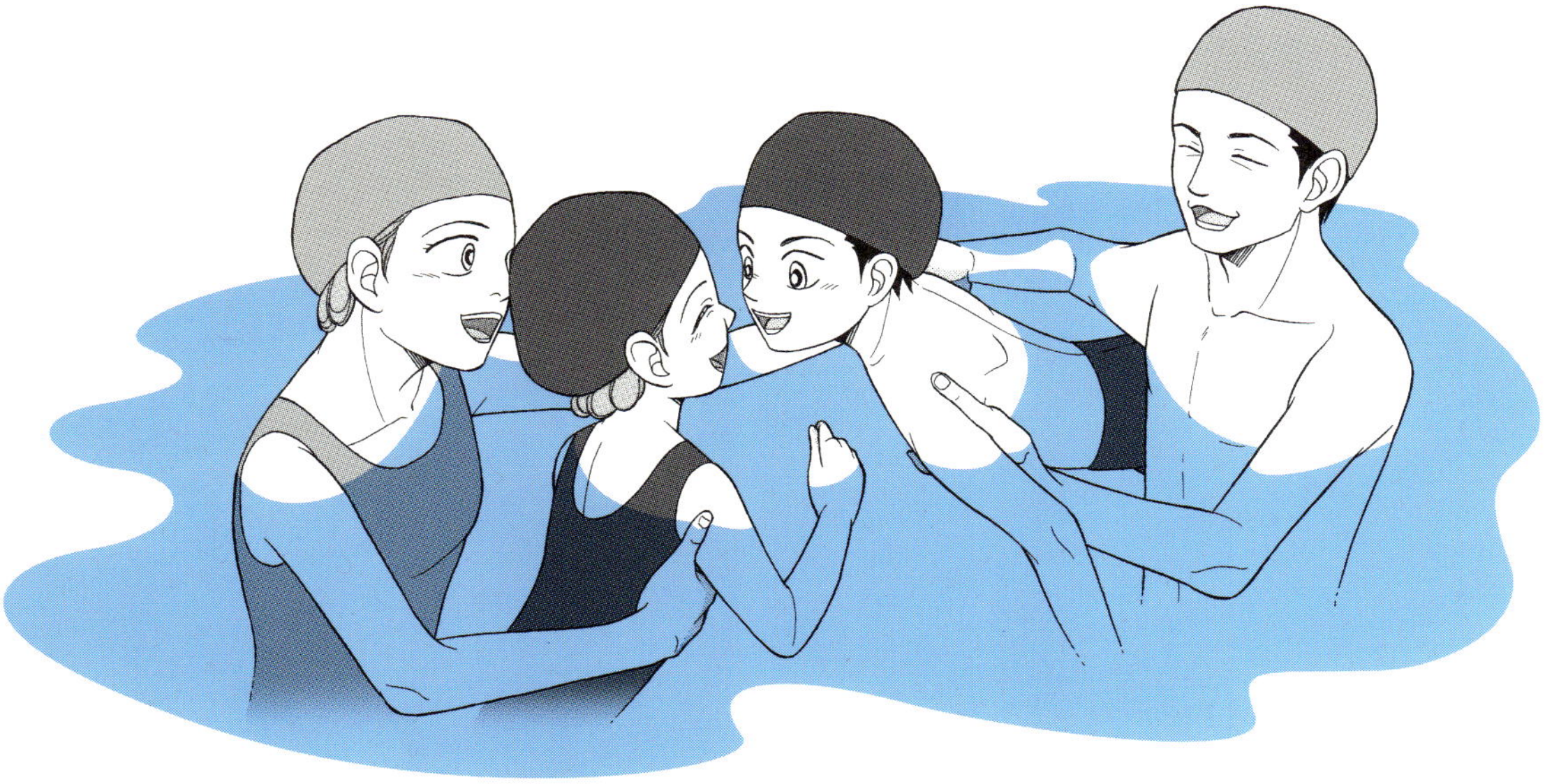

ようにして泳いでいくのかを知らなければ指導もしにくいですね。
そこで、次のレッスン2では安全な介助のポイントを、レッスン3では個々の目標（ねらい）の考え方などについて述べていくことにしましょう。

LESSON 2

安全に介助するための基本

介助する上でもっとも気をつけたいのは、子どもの特性をよく把握しておくことです。身体的な面で言えば、そり返りやすいのか、丸くなりやすいのか、あるいは頭部がぐらぐらしやすいのかなどの特徴を把握しておかなければなりません。

知的・精神的・感覚的な面の理解も大事です。視覚優位の子どもには、言葉で指示するより、実際にやって見せたり、図示したりしてまねさせるほうがわかりやすいこともあります。その日のスケジュールが前もってわかっていないと不安になってしまう子どもや、毎回決まった順序でプログラムが進まないと混乱してしまう子どももいます。屋内プールは音が響きやすいので、聴覚が敏感な子どもには配慮が必要です。大きな声よりささやくような声のほうが受けいれやすかったり、集中しやすかったりすることもあります。そうした特徴をきちんと理解した上で水に入るようにしましょう。

さらに、子どもたちがどのようにして泳いでいくのかを知るためには、浮き具をつけない状態での子どもたちの動きやバランスのとり方を見ておく必要があります。そのためには、あとで説明するプログラムを実践する中でも、最初から浮き具を使うのではなく、介助しにくい場合にのみ浮き具を使うようにします。

水の中で安全に子どもを介助するためには、まずは彼らの呼吸をしっかりと確保することが大切です。そのためには、介助者が安定した姿勢で動けるようにしておく必要があります。

水の中では少し膝を曲げ、子どもの動きに合わせて前後左右に動けるようにしておきます。また、水の中では後ろに歩くことで、介助者が安定するとともに、自分の身体でつくった水流に子どもをのせていくことができます。

子どもの安定をつくり出すのは介助者の手です。まず子どもの両わきを持って介助するように心がけましょう。水の中では重力のほかに浮力が働きます。これらをうまくコントロールできないと、身体が思わぬ方向に回転してしまうなどの「怖さ」を生み、安全の妨げになってしまいます。

最終的には自分で自分の身体をコントロールできるように導いていきますが、最初のうちは、介助者の手で子どもの身体を安定させていきます。安全が確保されたことがわかると、子どもたちは安心し、自分から動き始めます。自分から動けることで、彼らは自信を持てるようになります。

LESSON 3

個々の目標（ねらい）を見つけよう

障害を持つ子どもは、肢体不自由と知的な障害をあわせ持つ場合が少なくありません。そのため、両面を考慮した目標の設定や指導を進めていく必要があり、特別支援学校ならではのハード面や対応力を有効活用したいものです。そこで、子どもたち個々の目標（ねらい）を見つける目安となるように、次ページに図を用意しました。

この図の見方を説明します。縦方向は運動レベル、横方向は知的レベルを表します。運動レベルでは、運動障害が軽ければ、おおまかな目標としては「四泳法」の習得がねらいとなります。逆に運動障害が重ければ、「身体の健康」が目標です。知的レベルでは、知的障害が軽ければ、おおまかな目標は四泳法で同じですが、知的障害が重い場合には、「命を守ること」を念頭に置くようにします。

このように、子どもの運動面と知的面、それぞれに該当するレベルから導き出された交点の部分が、その子の「目標」となります。図の中のグループは文部科学省による「重複障害者等に関する教育課程の取り扱い」に基づいています。ただし、プール指導は基本的に個別対応です。図はあくまでも目安であり、そのまま利用するのではなく、子どもの実情に即した目標やプログラムを決めていく必要があることを忘れないようにしていただければと思います。

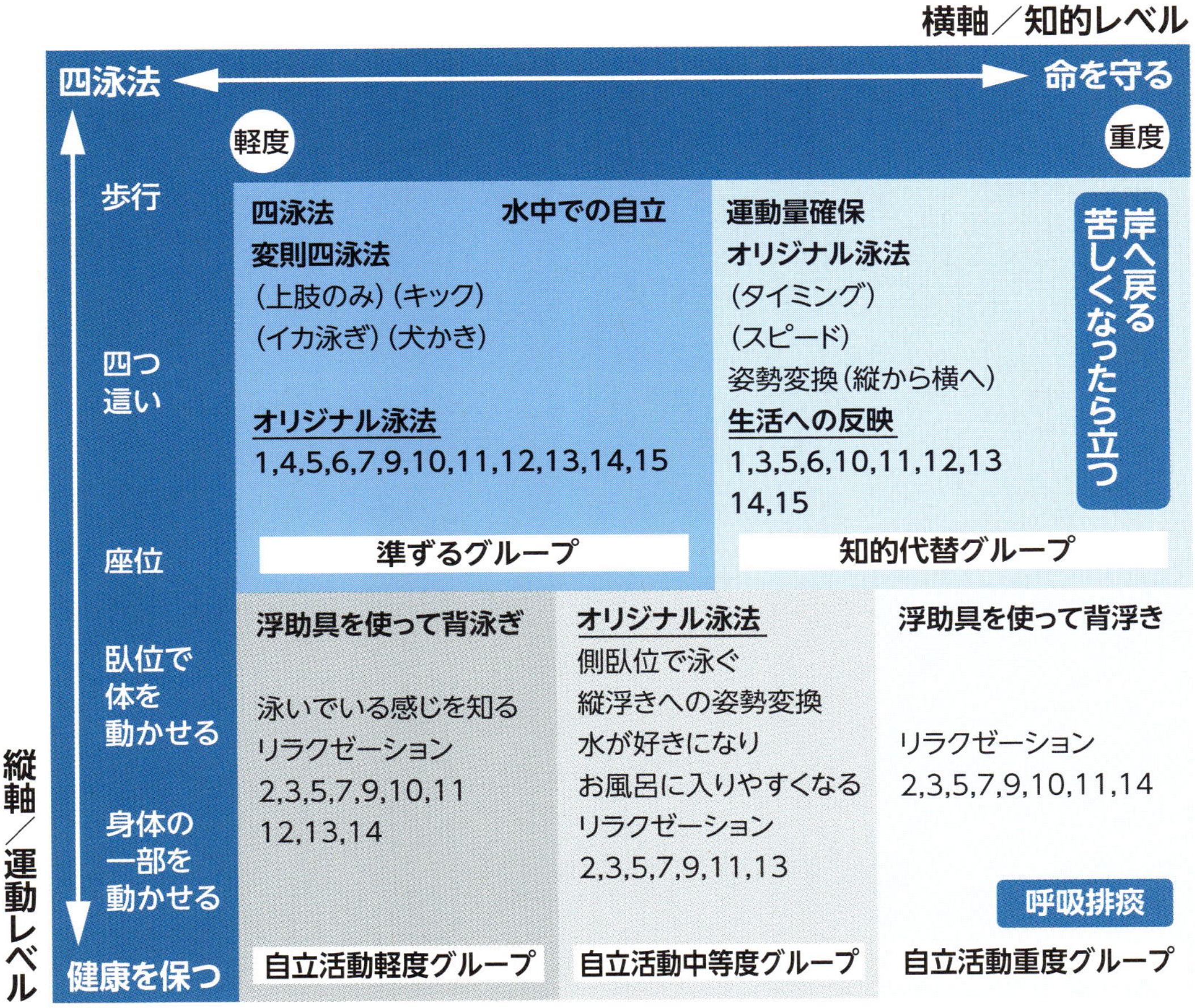

運動レベル(縦軸)と知的レベル(横軸)に相当するエリアのプログラムを参考にしてください。

1:腰かけキック　2:入水抱っこ　3:縦抱きで移動　4:伏し浮き
5:アップダウン　6:スイング(伏し浮き)　7:スイング(背浮き)
8:8の字スイング　9:ドルフィン　10:壁蹴り　11:縦ロール
12:潜り(縦潜り)　13:水上パス　14:水中パス　15:座り飛び込み

【各プログラムの詳細は22ページからを参照のこと】

図:個々の目標(ねらい)とプログラムの例

■各グループの説明

目標（ねらい）は、基本的には知的レベルによって大きく左右され、次に運動レベルによってどこまでを求めるかが決まってきます。前ページの図の補足とともに、子どもの特徴と照らし合わせて、実際にそこでどんな目標を設定するのかを見ていくことにしましょう。

準ずるグループ

疾患名だと「筋ジストロフィー」や「二分脊椎《にぶんせきつい》」などの子たちが多く該当するグループです。ここでは「四泳法」をイメージしながら、それぞれのオリジナルな泳法を見つけていくことが課題となります。

【例1】内臓疾患

プールに入る経験自体が少ない子が多いです。内臓疾患のうち、心臓病の場合には運動制限等の幅を知っておく必要があります。潜水などの息止めでは医師との相談が必要です。泳ぎ自体は四泳法が可能なので、指導は通常の水泳指導にならって進めます。

【例2】低学年の筋ジストロフィー、歩ける程度の機能障害

水中でバランスをとることを最初に学びます。まず、水中で一人で歩くことができ、自力で安全に起き上がることができるようにします。「怖い」と感じているうちは、水中で自由に動けるようにはなりません。早めに潜りを体験させましょう。

水への怖さがなくなってきたら、伏し浮き、縦姿勢、背浮きのあいだの姿勢変換やプールサイドに素早く戻ることなど、安全に水の活動ができるように指導します。

クロールや、ドル平、背泳ぎが目標です。自分で進む楽しさを体験させましょう。ちなみに、上肢と下肢を同時に動かすことは難しいので、手の掻《か》きと脚の蹴りは、別々に練習します。

【例3】歩行不能な筋ジストロフィー、独座可能・床上移動可能な機能障害

中枢性疾患であれば力を抜いていくことを覚えさせます。縦浮きや浮き身を覚えることが大切です。除重力下で自動運動ができることを充分に体験させてあげましょう。背浮きで、手や足を動かしながら進むことが目標となります。

【例4】脳性まひ、軽い四肢まひ

他動的に潜る機会を増やして怖さをなくしていきます。介助の手が離れることが大切なので、浮き具なども使用し、浮いて泳ぎ続けることを覚えさせます。浮き具は浮きすぎると推進を妨げるので、浮力を与えすぎないよう、よく吟味しましょう。水中で四肢を屈伸させて推進力にします。

知的代替グループ

四泳法が可能なグループですが、まずは水の中で自分の命を守ることを主眼に置きます。指導法としては、模倣や絵や写真など、視覚的な介入を受け入れやすいので活用します。ルールや集団行動、着替えなどの身辺自立なども同時に指導します。

子どもによっては水が好きすぎて潜りっぱなしになったり、嬉しくてはしゃぎすぎたり

することもありますので、ルールを教え、まわりを気にする必要があることも教えていきます。

【例1】 歩行不能なダウン症やアンジェルマン症候群、ソトス症候群など

自ら命を守ることを中心に考えますが、これらの子どもたちは背浮きを怖がることがほとんどです。水中でのいろいろな姿勢を体験させ、水を楽しめるようになることが、浮き身を目指す第一歩です。浮輪を使う場合は空気の量を調整し、浮きすぎないようにすることが大切です。

★以下は知的特別支援学校所属の子どもに多いケースです。

【例2】 軽度発達障害

四泳法が可能ですが、一人ひとり独自のリズムを持っています。指導方法に工夫が必要なこともあります。急な予定の変更に対応しにくいので、プログラムの変更がありうることを前もって伝えておいたほうがよいでしょう。

【例3】 中等度発達障害

基本的には通常の水泳指導に則って進めます。プログラムの提示などには工夫が必要なこともあります。水中での身の安全を図れるようにし、同時に着替えやルール、整列、準備体操など、社会性を身につけるように指導します。

【例4】 重度発達障害

自らの命を守ることを中心に考えます。一人で水中を歩けるように、前後左右に歩いた

り、水の流れに負けないように踏ん張ってバランスをとったりする練習を行います。プールサイドに戻ること、特にUターンすることを何度も体験させていきます。水流を楽しめるように、縦姿勢でのスイングなどを行うこともよいでしょう。

自立グループ

このグループでは、まずはリラクゼーションを中心に、できるだけ介助がなくなるようにしていきます。その後は子どもに合わせて幅広く対応することが必要です。

【自立活動軽度グループ】脳性まひアテトーゼ型

浮き具などを使いながら、推進力を発揮できる動きを見つけていきます。浮き具をつけずに、浮き身をとりやすい姿勢を探し、できるだけ水中に身体を収められる浮き具の使い方を工夫します。

【自立活動中等度グループ】脳性まひ

陸上での姿勢保持がしにくい子どもが多いグループです。水中で、自分で姿勢変換できるように練習していきます。たとえば、アームヘルパーなど使用し、縦浮きが自立できるようにしていくなどです。泳ぎ（オリジナル泳法）を目指す第一歩として、水慣れプログラムを充分体験することが大切です。

【自立活動重度グループ】

最重度のグループです。水の中でリラックスすることをねらい、水圧やプールの湿気を利用しての排痰《はいたん》など、健康に目を向けるようにします。

LESSON 4

代表的な疾患別の指導ポイントについて

筋ジストロフィー

全学年、全障害レベルを通して、運動場面の確保と呼吸面へのアプローチが重要となるのが筋ジストロフィーです。早い時期から入水して、水慣れ、潜りをできるだけ早く獲得していくことを目指します。

最初は水への恐怖心を取り除くことから始めます。背の立つ水深での顔つけ、次にプールサイドに向かって水中パス（38ページ）をし、つかまってもよいので立ち上がれるようにします。伏し浮きから顎《あご》を引いて丸くなることができれば立ち上がりやすくなります。つかまらないで立ち上がりができるようになると、独泳ができるようになるまでもう少しです。

本人は、あれこれと理由をつけて潜りや浮くことを拒否するかもしれません。でも、自信を持って自分で浮き身から立つことができるようになれば独泳も可能になります。とはいえ、水面から四肢を出す泳法は難しいかもしれません。多く見られるのは、手は平泳ぎでバタ足、または背浮きで肘《ひじ》から先で水を掻くなどです。

彼らは、陸上では転倒への恐怖から身体を固定し、動ける範囲の運動も行わないようにしています。水中では水の抵抗力と浮力が身体を支えてくれるため、このことが身体を動かす勇気を与えてくれます。その経験から、陸上での「身のこなし」がよくなることがし

伏し浮きから顎を
引いて丸くなれると
立ち上がりやすい

ばしば見られます。また、呼吸のために「潜り」を積極的にできるように進めていきます。潜ることによって深呼吸や息止めを促すことができます。さらに深い潜りをすることで胸郭の運動性向上も期待できます。

小学校低学年では、水中での立位や歩行に目を向けた練習をします。彼らは徐々に運動が制限されていきますが、水中では自動運動が可能で、それが精神的な支えになります。

高等部になると筋の変性も進み、浮きやすくなってきます。その結果、フラフラしすぎて怖さを感じることがあるかもしれません。声かけを欠かさないことで安心できるように心がけます。

ただし、全年齢を通して運動量には注意が必要です。疲労が残るほど行わせてはいけません。潜ることも疲れることなので、何回も行わないようにします。

二分脊椎

排泄《はいせつ》に関してのコントロールが重要になるため、プール用のおむつなども利用します。また、足部の感覚障害から傷をつくる可能性も高いため、靴下をはいての入水をお勧めします。運動面では、障害を受けていない上半身で泳ぐために、しっかりと筋力トレーニングを行います。まひのある下半身は水に浮きやすいので頭が沈みやすく、浮き身バランスをコントロールできるように指導する必要があります。

そして、安全に呼吸を確保することを学びます。

手で支えないで座位保持できるようなレベルのまひの場合は、泳いだあと、立って退水できるようにしましょう。手で支えなければ座っていられないレベルのまひの場合には、背泳ぎで泳ぎ、泳ぎ終えたらプールサイドにつかまって縦姿勢になれるようにしましょう。縦姿勢になることができると、退水時の介助が行いやすくなります。

クロールなど身体の回旋をともなう動きは下肢のまひの影響を受けやすいため注意が必要です。平泳ぎから始めるとよいでしょう。

脳性まひ

障害の程度、部位、タイプなどによってたくさんのカテゴリーに分けられます。しかし、水泳は知的レベルに大きく左右されるので、たとえ身体的に重度であっても、水慣れ次第で泳ぎにつながるケースも少なくありません。

脳性まひでは、運動レベルが重度な子は、臥《が》位《い》姿勢でバランスをとることへの恐怖心が少ないために水中に適応しやすく、早く泳ぎを獲得する場合が見られます。逆に、軽度の子は自分なりの身体の使い方があるため、水の中でも同じようにバランスをとろうとしてそれがうまくいかずに怖がったり、部分的に緊張を上げてしまったりしがちです。したがって、その子なりの浮き身をいかにして見つけることができるかが大切なポイントになります。

LESSON 5
プログラム【1〜15】

ここからは、実際に行うプログラムについて解説していきます。

プログラムの順番や選択はその子に合わせて行うのが基本です。スムーズに指導するためのポイントは、子どもの動きに合わせて支える位置や誘導方向を変えることです。

巻末に各プログラムのチェック項目や課題を表にまとめてありますので、そちらと照らし合わせてご覧ください。

1．腰掛キック

子どもをプールサイドに座らせ、入水した脚（付け根から下の全体部分）を動かします（キック）。座位が安定していない子は、後方から介助します。座位が安定している子なら、転倒しないように注意しながら脚を動かす方向を誘導します。このとき、ふくらはぎ

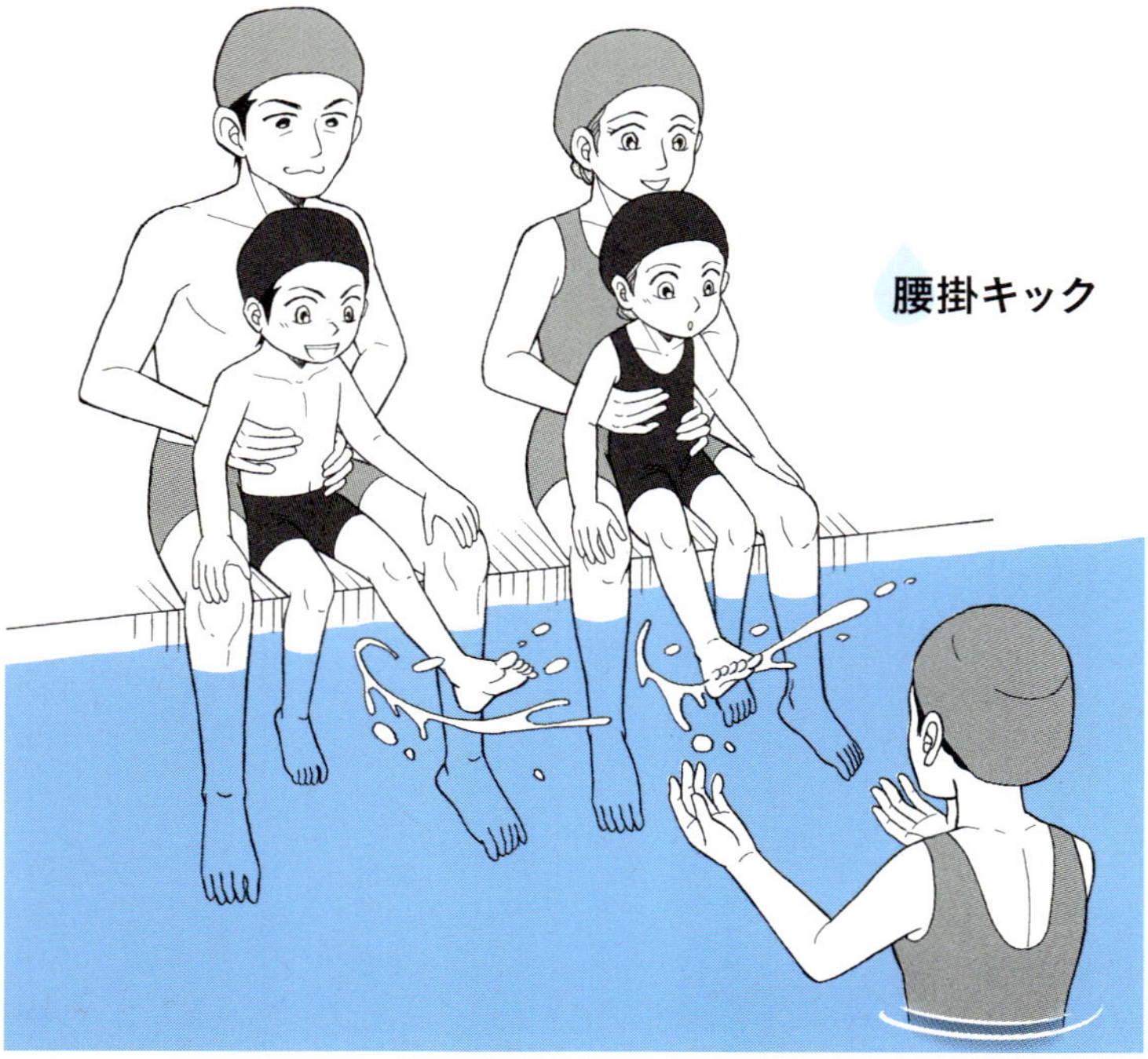

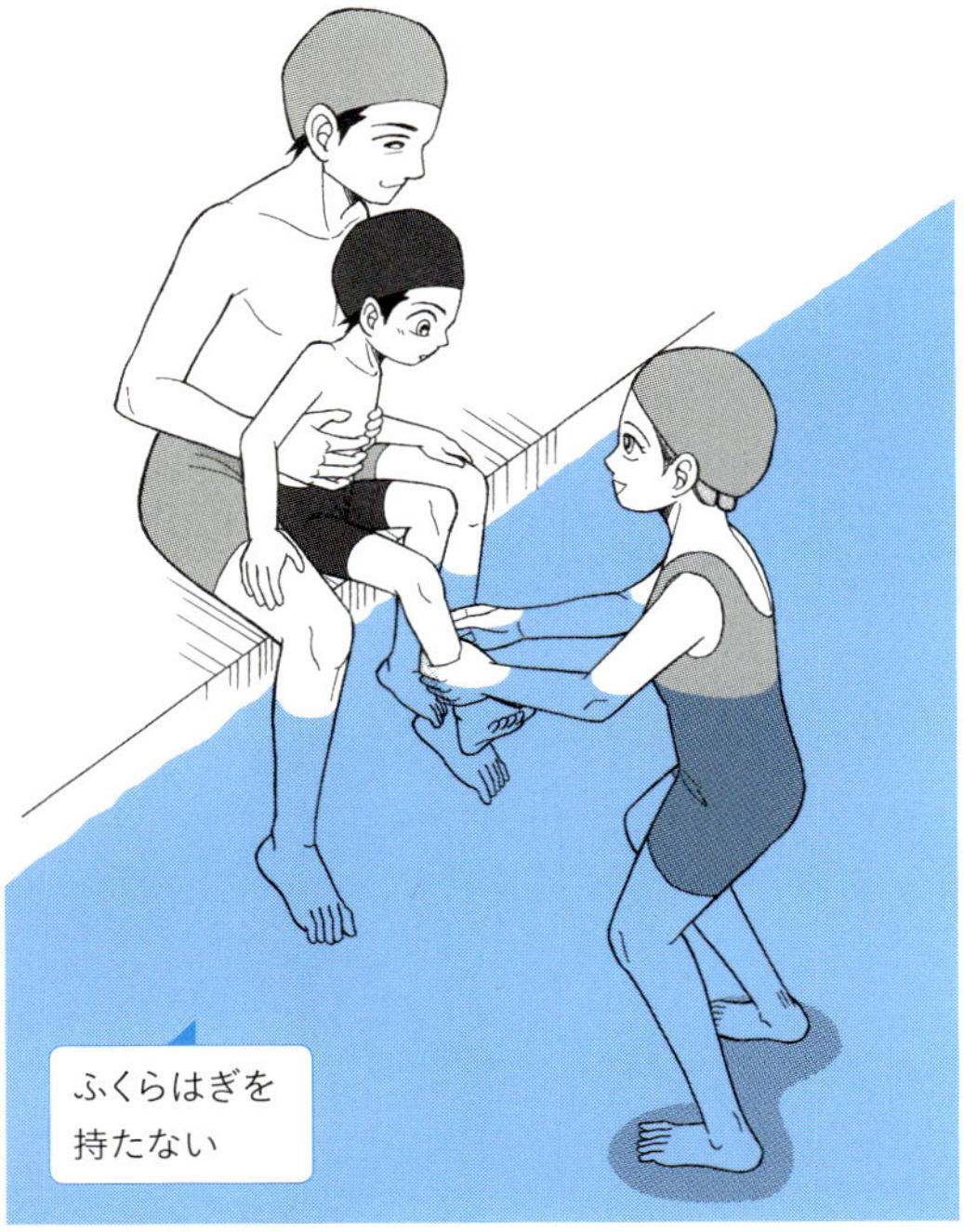

を持たず、子ども自身が動かすことを大切にします。

身体が大きかったり、そり返りが強かったりしてプールサイドに座らせることが難しい子は、水中で介助者がいす代わりになって後ろから抱えるとよいでしょう。

なお、骨折のリスクがある場合には無理に誘導しないようにしてください。

2. 入水抱っこ

介助者が子どもより先に入水する場合は、慌てず、騒がず、怖がらずに入水し、子どもに水しぶきがかからないようにゆっくりとていねいに行うことが大切です。介助者の言動が子どもたちに影響を与えます。

原則として、子どもは腋窩《えきか》（腋《わき》の下）

おさるさん抱っこ

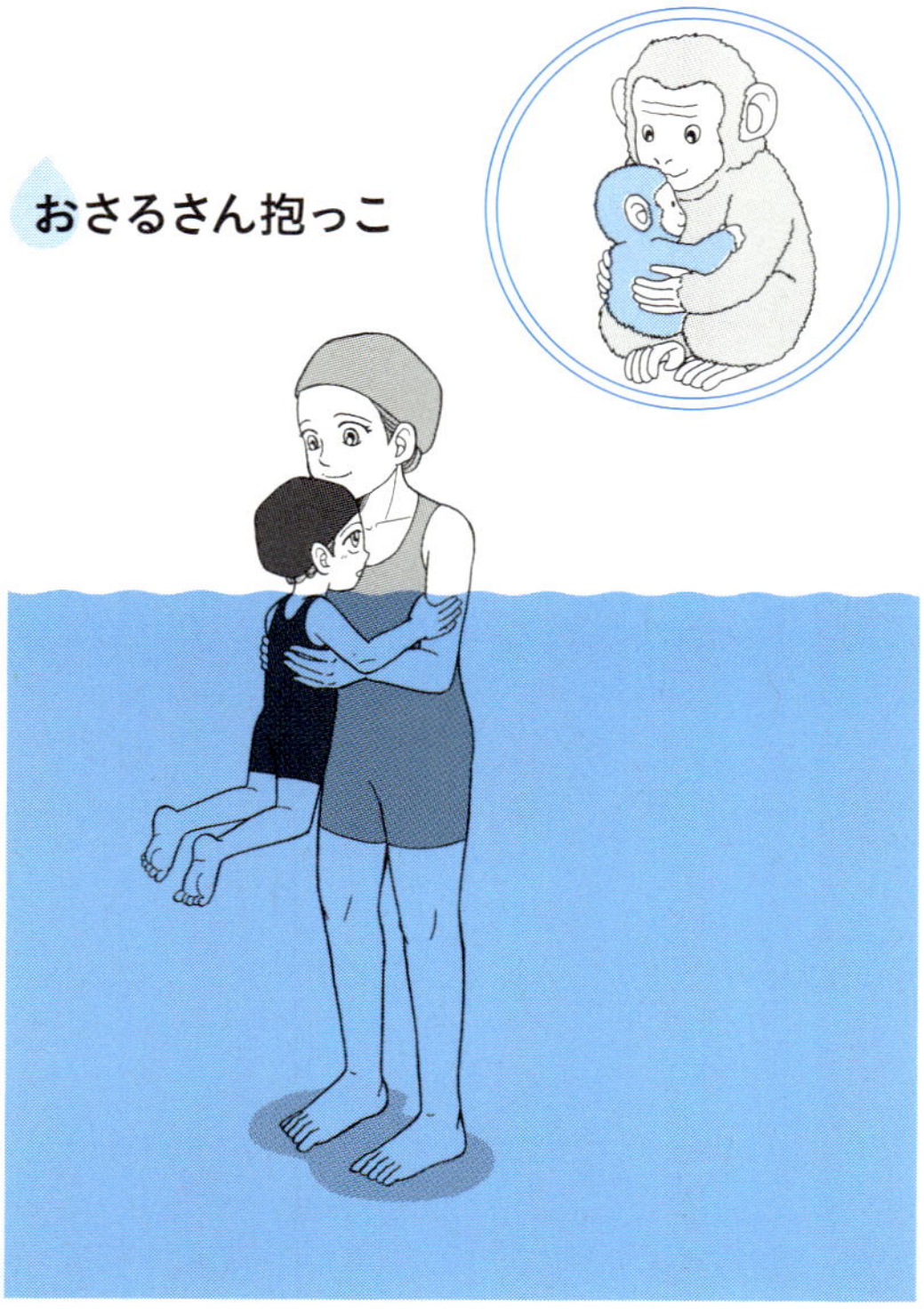

入水抱っこ

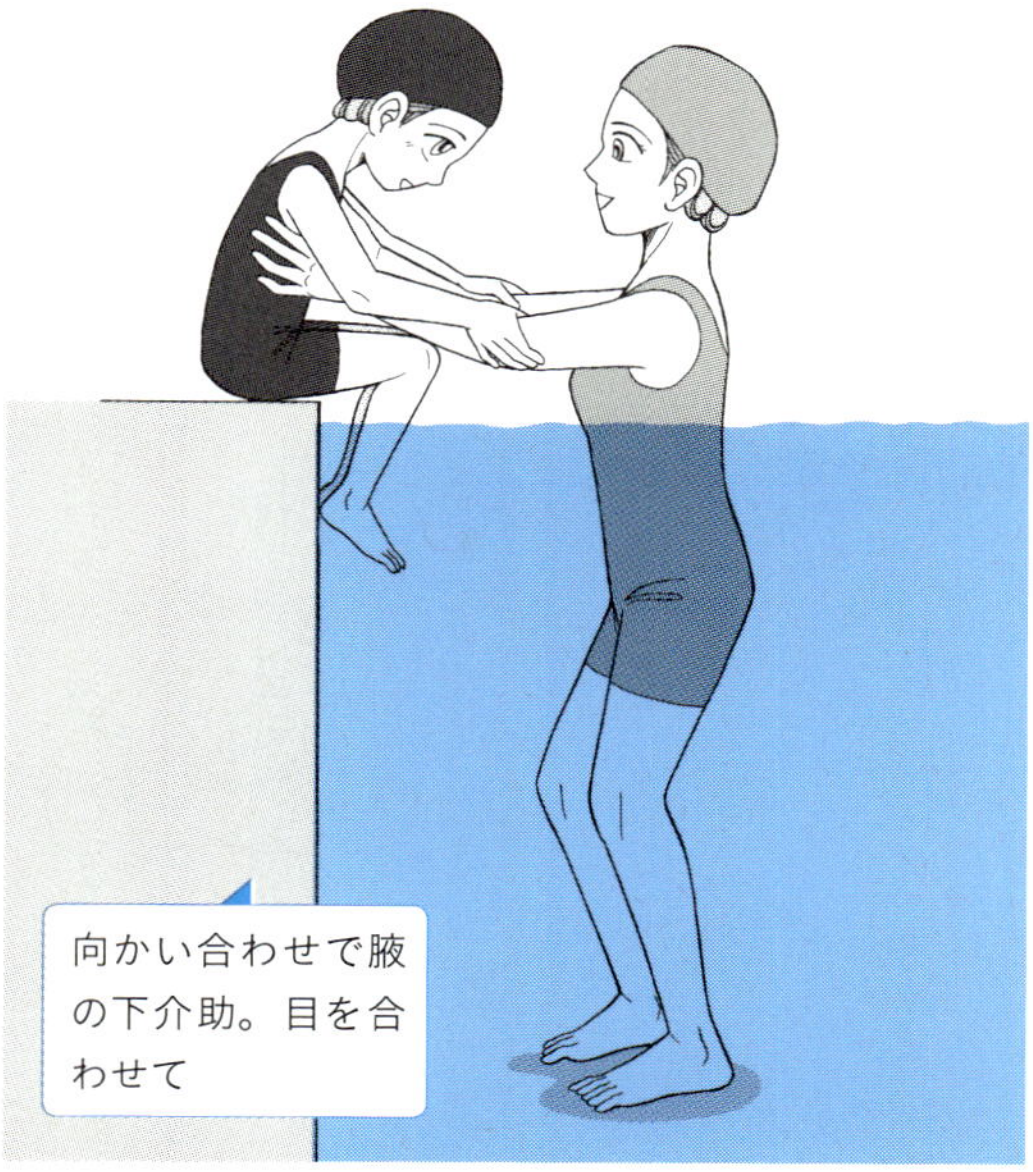

介助とし、向かい合わせ抱っこ（「おさるさん抱っこ」）で入水させます。必ず子どもと視線を合わせて安心感を与えると同時に、子どもの表情をしっかりと見るようにします。

おさるさん抱っこが難しい場合は、子どもの背中を介助者のおなかにつけた「カンガルー抱っこ」や、子どもの脚で介助者の腹部と背部を挟む「コアラ抱っこ」にします。

3. 縦抱きで移動

入水後、介助者は原則として後ろ向きに歩きます。こうすることで介助者がつくった水流に子どもの身体をのせることができます。この段階での目標は、子どもに水の気持ちよさを教え、精神的な緊張をやわらげることです。

また、介助者は後ろ向きに歩くこと

コアラ抱っこ

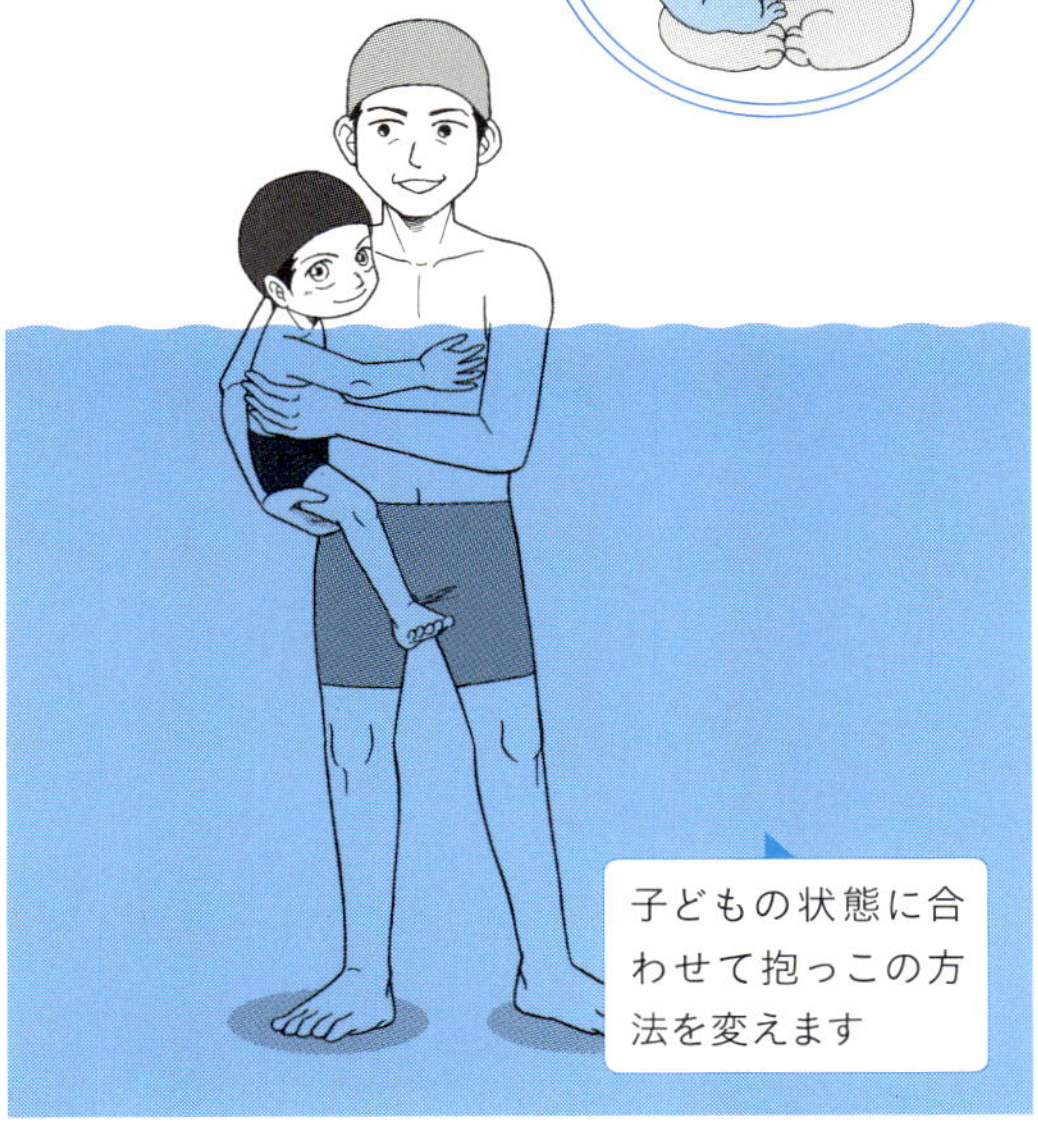
子どもの状態に合わせて抱っこの方法を変えます

カンガルー抱っこ

で、自身の腰への負担を軽減することもできます。

子どもの身体はできるだけ水中に入れるようにします。子どもが緊張しているようであれば、それが精神的な緊張なのか、身体的な特徴によるものかを見極めます。しがみついてくるときには、引き離すのではなく、逆に抱き返します。急にそり返る子どももいるので気をつけてください。

介助者は、子どもの身体が上下したり傾いたりしないように気をつけながら、後ろ向きに歩きます。子どもの頭がぐらぐらしている場合は、頭を介助者の肩にのせてみてください。安定するはずです。丸まってくる（屈曲してくる）ようであれば、少し前に傾けてみましょう（伏し浮きに近くなる）。

そってくるようであれば、また縦姿勢に戻し、ちょうどよい角度を探しま

縦抱き移動

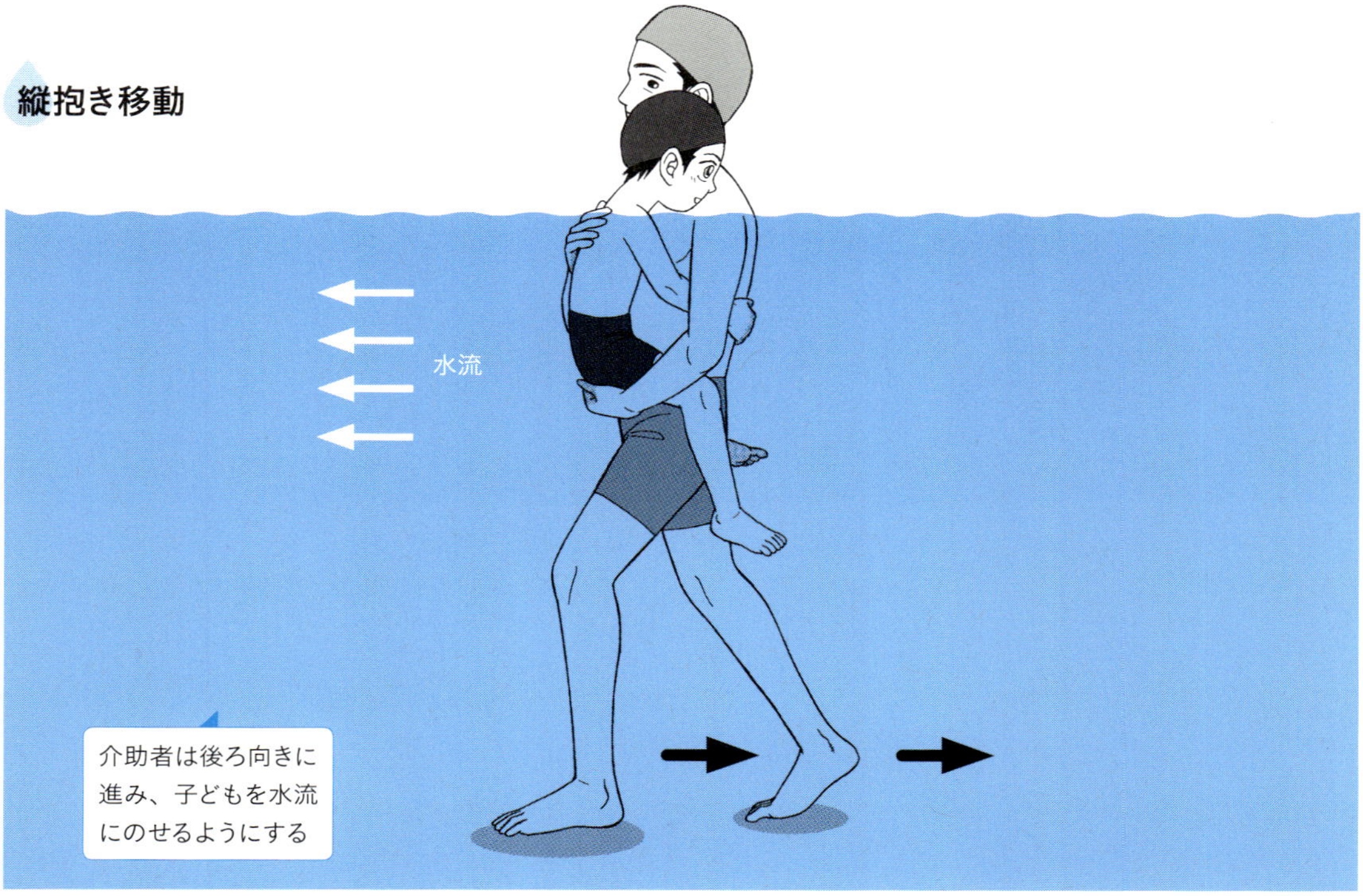
水流
介助者は後ろ向きに進み、子どもを水流にのせるようにする

す。このとき、子どもの口が入水しないように気をつけましょう。

子どもがニコニコしており、リラックスしていれば、次のプログラムに進みます。

4．伏し浮き

ここでは、全身を抱っこによって安定させてもらっているところから一歩進めて、身体の一部でもよいので、水に浮くことの気持ちよさを体感してもらうようにします。

介助している手首を手前に傾けます。完全に伏し浮き姿勢になることは求めません。呼吸維持が可能な範囲で行います。介助者にまとわりついている脚が自然に離れていくようにします。このとき、身体が浮きすぎて臀部《でんぶ》が水上に出ないように気をつけます。

伏し浮き

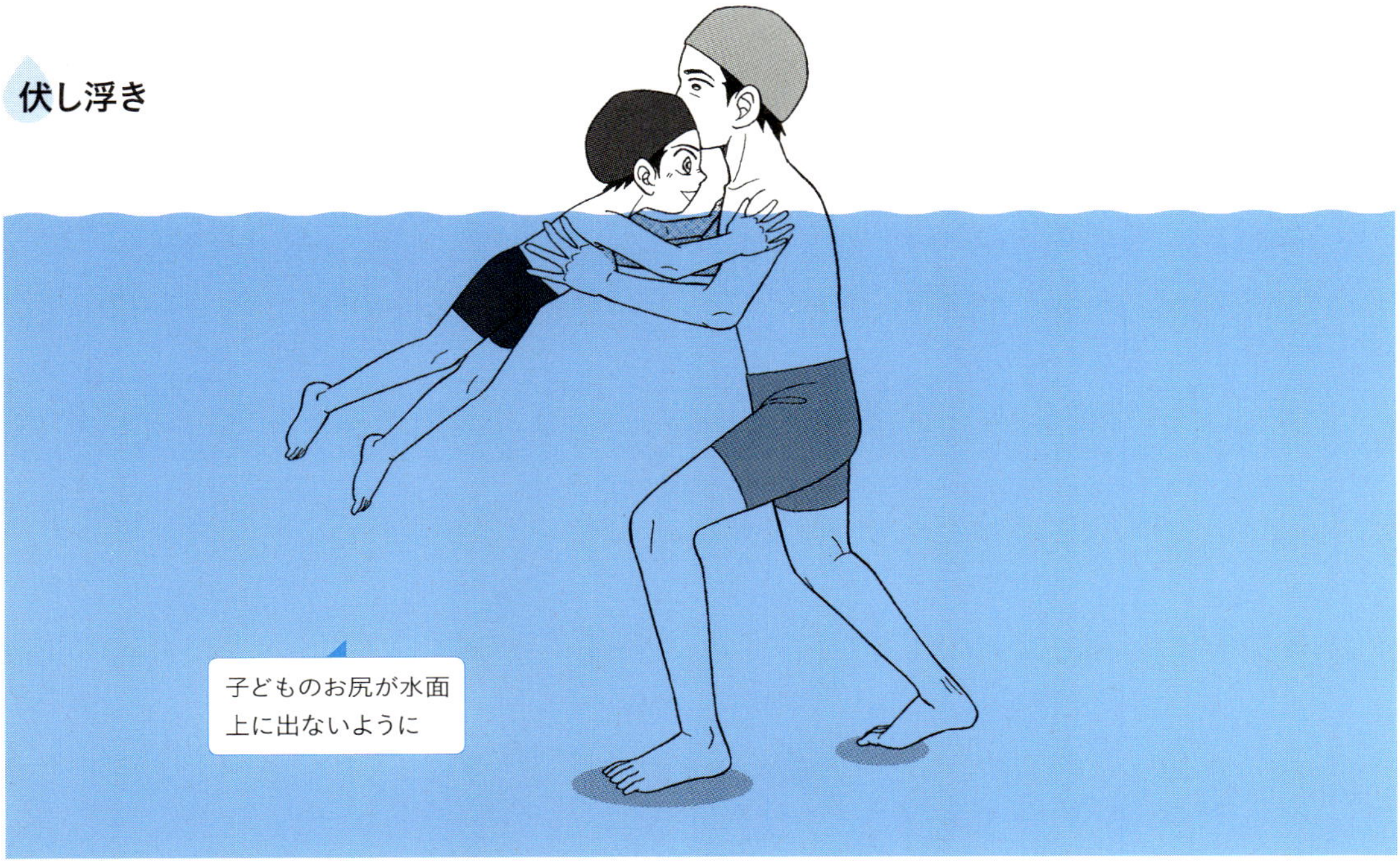

5. アップダウン

いわゆる「高い高い遊び」です。子どもにとっては経験のある遊びなので、呼吸コントロールや潜りの準備につなげていくことができます。また、水中から水上への一連の動きの中で、圧覚や触覚の違った刺激を受けることもできます。

縦抱きでのアップはおなかまで、ダウンは喉《のど》までの範囲で上下します。このときに介助者も一緒に上下すると呼吸が合い、潜りに移行しやすいというメリットがあります。

子どもの身体が大きい場合や、頭や体幹がぐらぐらしている場合、あるいは筋緊張が変動しやすく不安定な場合などは、介助者が低くなることで同様の経験をさせることができます。

アップダウン

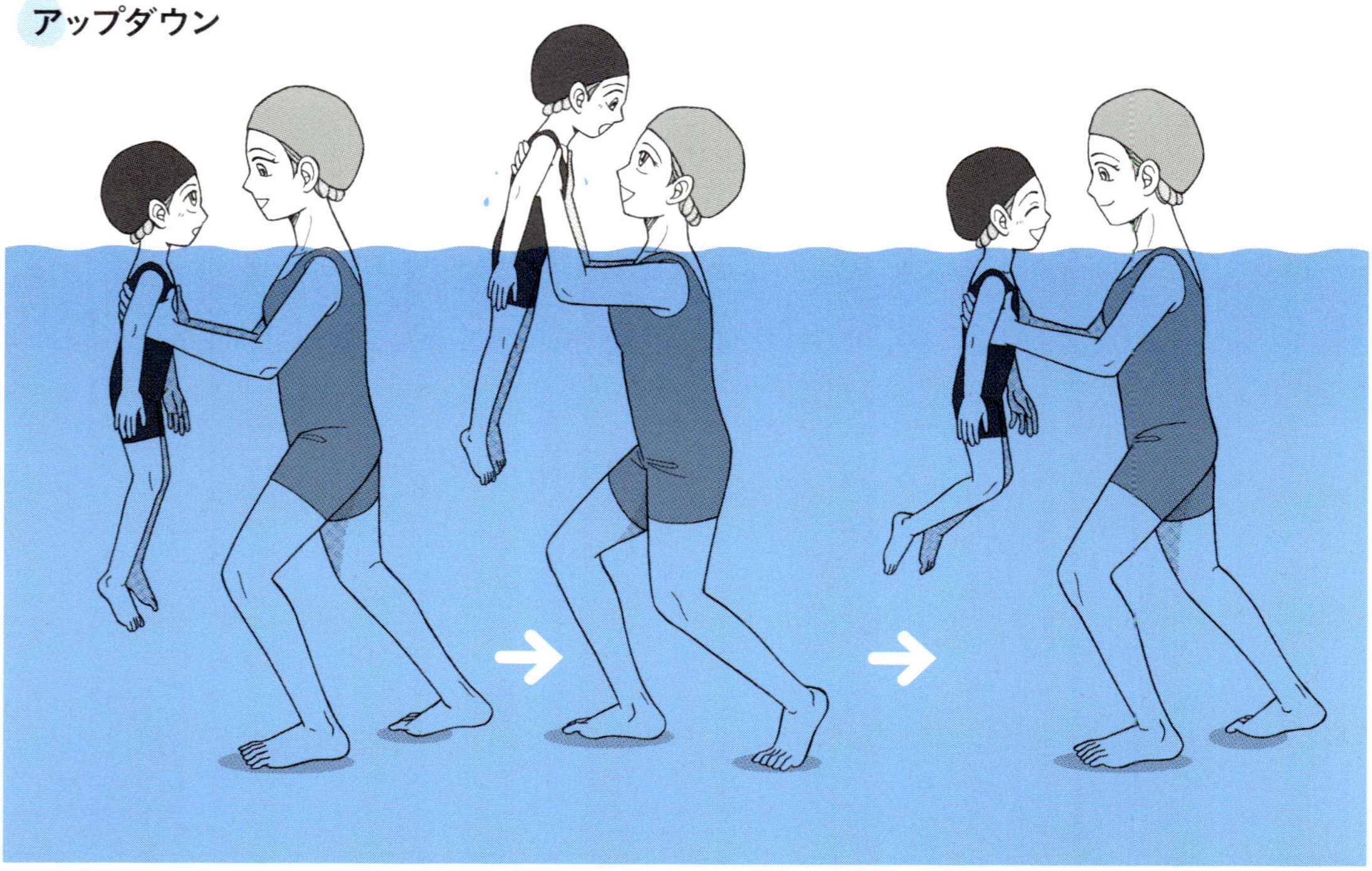

6．伏し浮きスイング

7．背浮きスイング

子どもの身体を左右に動かす（スイングする）ことで、筋緊張の高い子は体幹から下半身のリラックスを促し、低緊張の子は体幹の支持性を高めます。ただし、子どもの身体を左右に振り回してはいけません。子どもを腋から介助したまま、介助者が斜め横後ろにステップをすることで水流をつくり、その流れに子どもをのせていきます（左ページのイラストを参照）。

このとき、介助者の身体が安定していることが重要になります。これによってリラクゼーションが得られ、水の抵抗を与えることで体幹の安定性が増します。介助する手の位置、誘導の方向によって得られる効果が異なってきますので、子ども一人ひとりの違

伏し浮きスイング

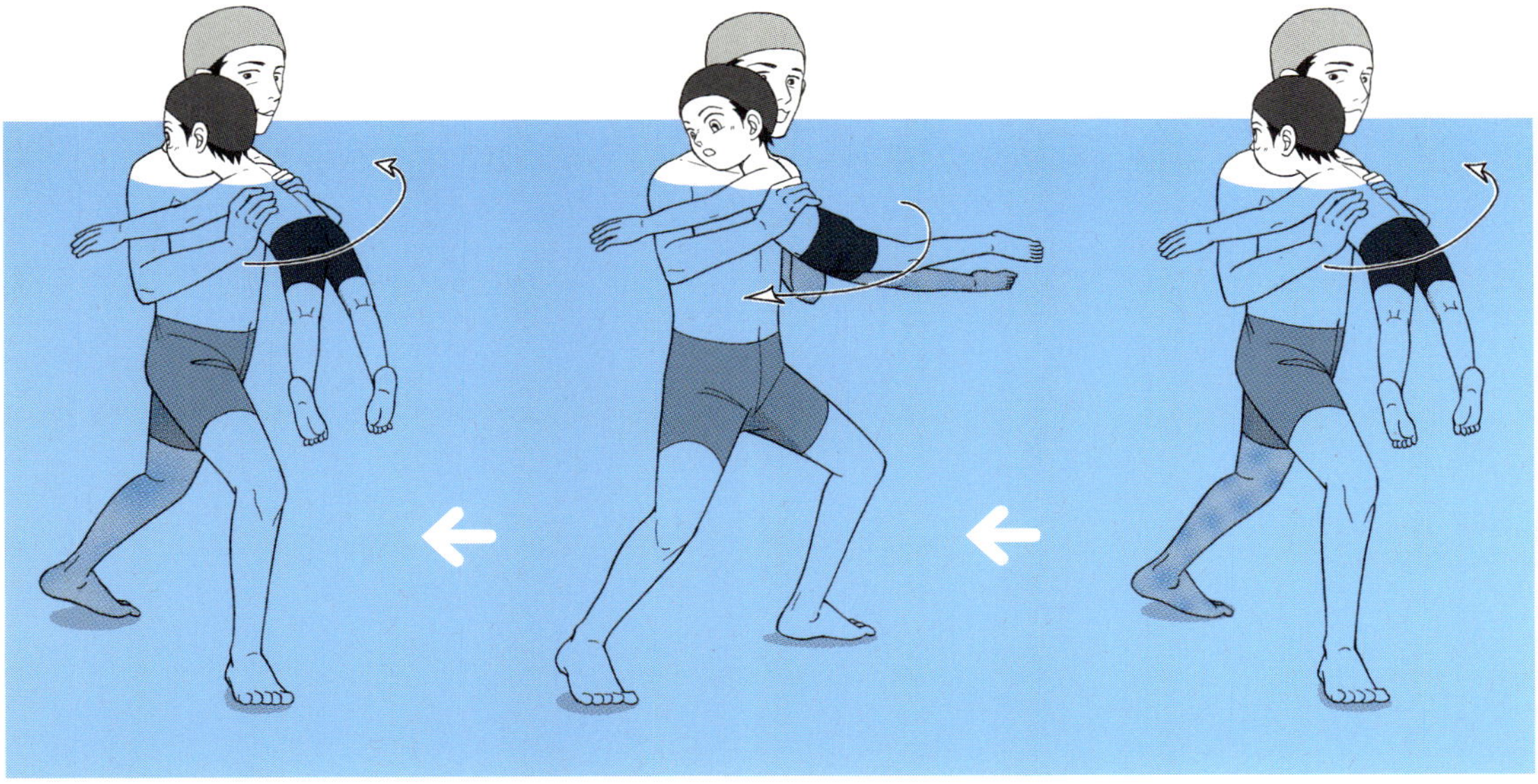

子どもの身体を振り回さず、腋から介助したまま、介助者が斜め横後ろにステップする

背浮きスイング

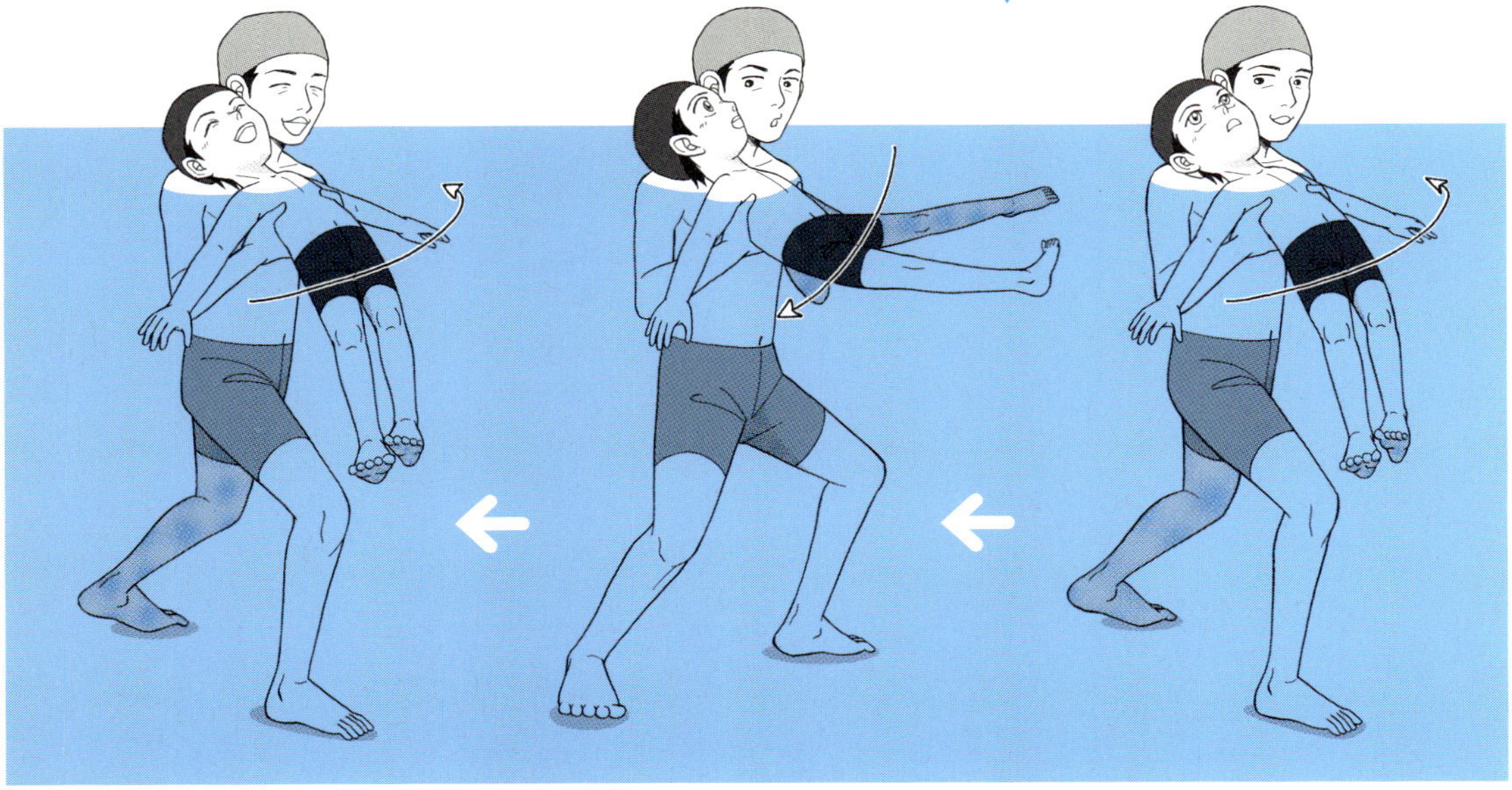

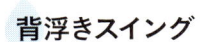

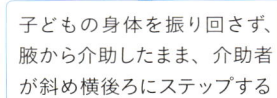

8の字スイング

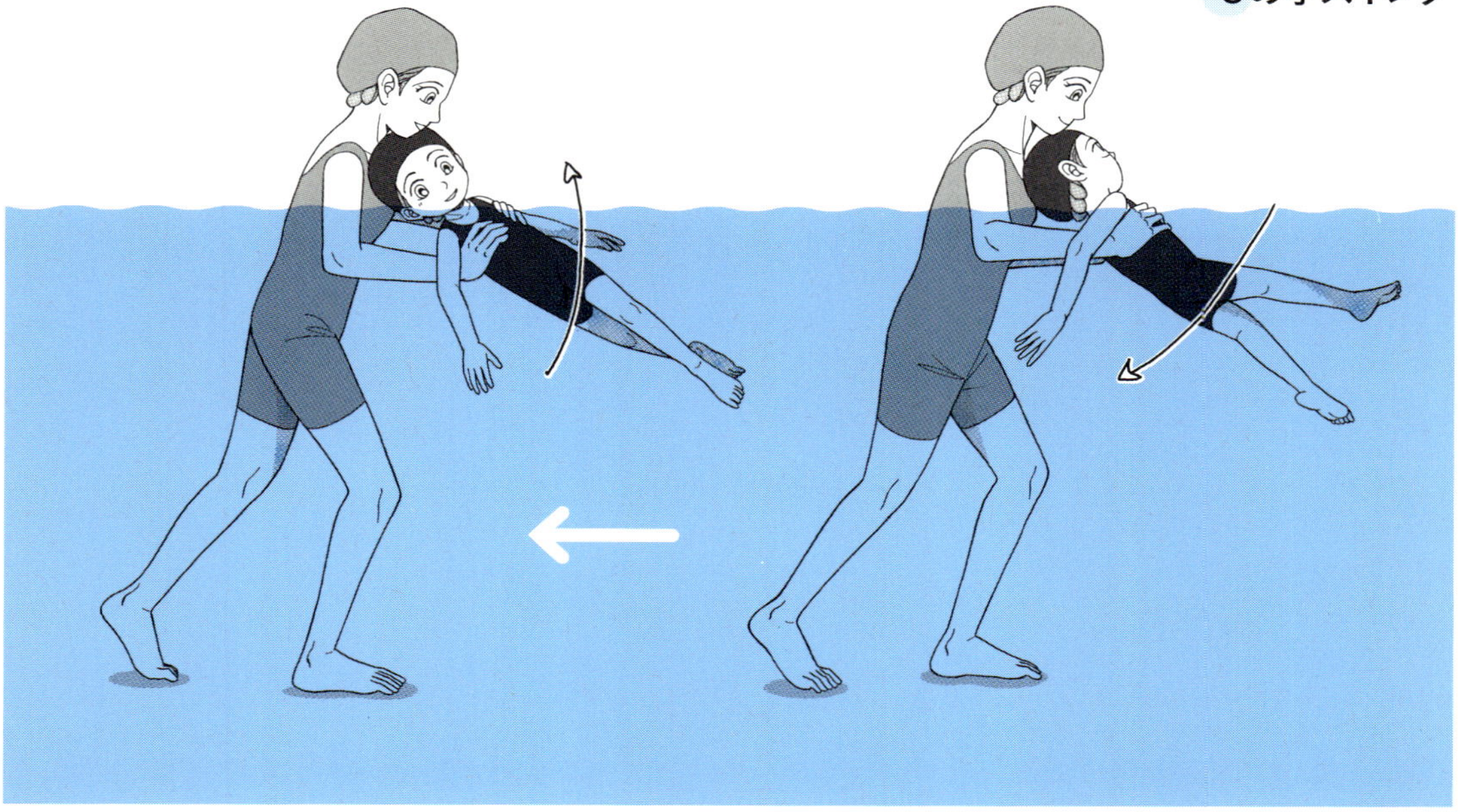

いに合わせて介助の仕方も変えていきます。

　プログラムの流れから、まずは伏し浮きで行うことが多いですが、頭がぐらぐらしている場合には、伏し浮きスイングを実施せず、いきなり背浮きでスイングすることもあります。背浮きでリラックスできない場合には、カンガルー抱っこにしたり、背浮きのまま「8の字スイング」をしたりすることもあります。

8．8の字スイング

　水の流れにうまくのれない子どもに対して行います。8の字を描きながら、背面に水の抵抗を与えてスイングを行います。座位の場合は、後ろを振り向きたがる子（頭部がそり返りやすい子）に対して、カンガルー抱っこで体幹の支持性を得るために行います。前項の背浮き8の字スイングは、より緊張が強い子に対して、身体をほぐすために行います。

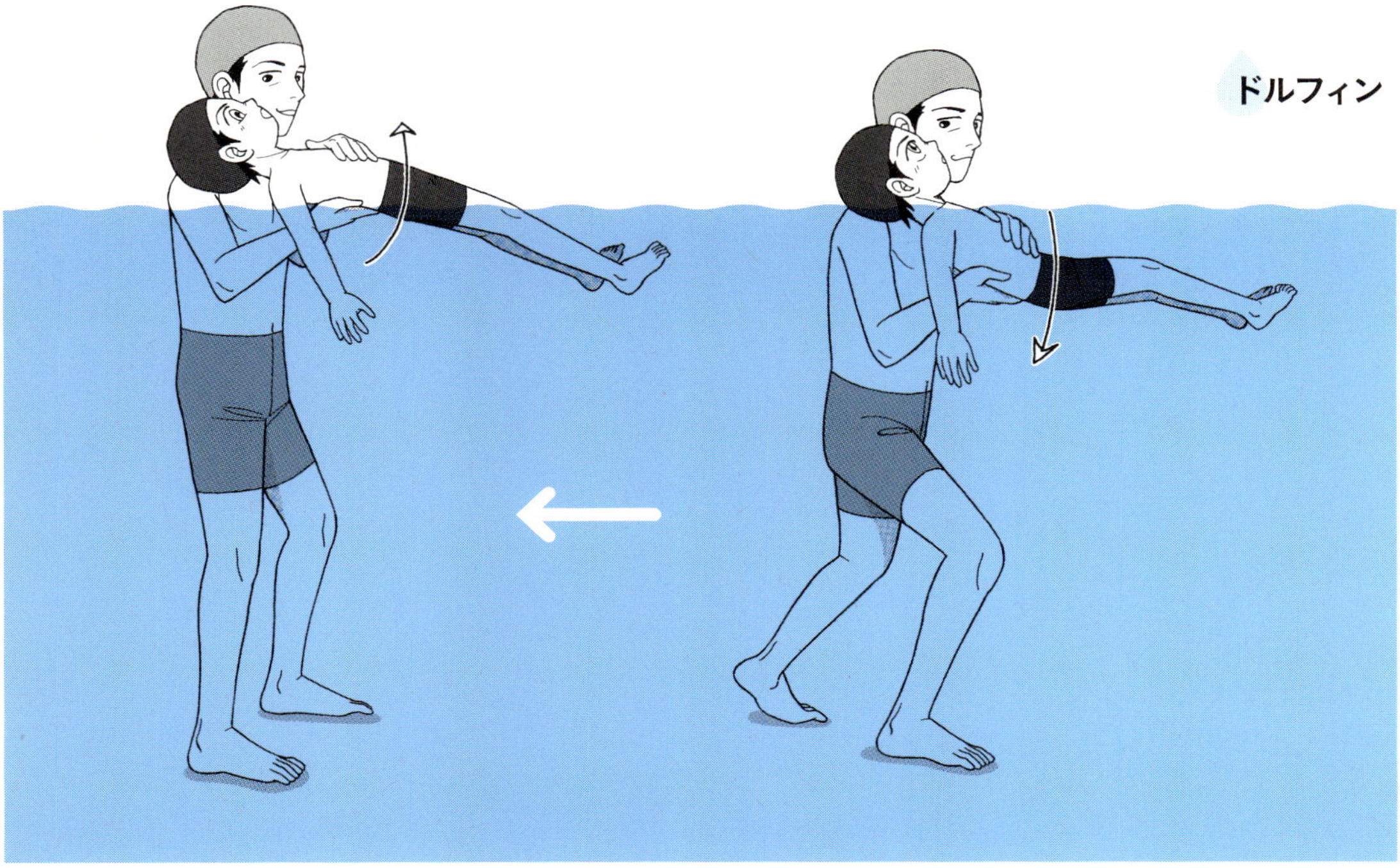

9．ドルフィン

子どもの身体を前後に動かします(矢状《しじょう》面での動き)。脊柱《せきちゅう》の屈曲・伸展を促して可動性を引き出し、背浮きでのリラクゼーションを図ると同時にバランスをとりやすくします。基本的には背浮き姿勢で行い、介助者の肩に子どもの頭をのせ、体幹の前面と後面を介助者の手で挟みます。介助者は下肢の屈伸運動を行って上下の波をつくりだし、後方に歩きながらその波に子どもをのせていきます。無理に手で押し上げたり押し込んだりしてはいけません。呼吸に合わせて動かすと胸郭の柔軟性が促され、排痰しやすくなる効果もねらえます。

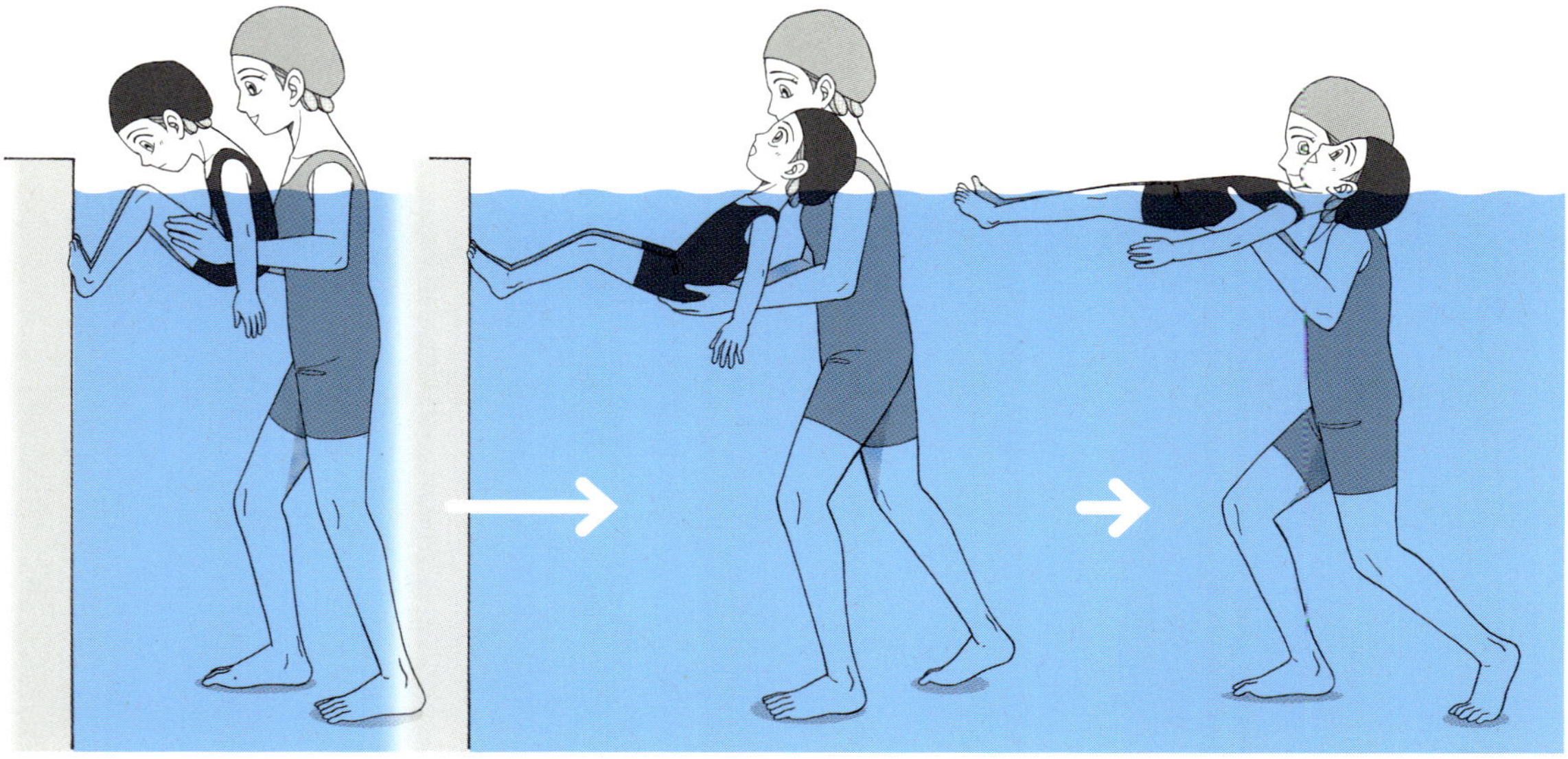

10. 壁蹴り

背浮き姿勢から子どもの足底をプールの壁につけて、全身が丸まった姿勢（屈曲位）に誘導し、その姿勢から全身が伸びる姿勢（伸展位）へと変化させます。足底から蹴りだす伸展運動が全身の伸展に波及するように誘導するのがポイントです。

足関節の可動域制限や、足部の変形によって足底をプールの壁にぴったりとつけられない場合には、介助者が二人組となり、一方の介助者の胸や手のひらを蹴らせるとよいでしょう。

第一段階は膝の伸展を促し、第二段階では膝と股関節、第三段階では膝と股関節と体幹の伸展を促します。蹴ったあとは水の流れにのって背浮きのまま進むようにします。プールサイドに戻るときは、縦ロールを行いながら頭部から立位姿勢、または伏し浮きへと姿勢変換させて戻るようにします。

11．縦ロール

伏し浮きから背浮き、背浮きから伏し浮きの姿勢変換を縦方向（矢状面上）で経験させます。子どもの背中を介助者側に向けて両腋窩で支え、介助者の身体の横にずらします。右利きの介助者は子どもを自分の右側に、左利きの介助者は子どもを左側に位置させるとやりやすいです。

①介助者は脚を大きく前後に開いて、前後への重心移動を可能にしてください（子どもが右側にいれば左脚が前、逆であれば右脚が前）。②子どもがバランスをとりやすい立位姿勢（縦の姿勢）から始め、介助者は前の脚に重心移動しながら子どもを伏し浮き姿勢にします。

次に、介助者の支持している手を誘導の手に切り替え、子どもをゆっくりと起こしましょう。子どもが縦姿勢になったことを確認してから背浮き姿勢にし、同時に介助者は後ろの脚に重心移動します。

子どもの頭部の動きが全身の姿勢変換を誘導するので、③伏し浮きになる際には顎を引いておなかを見るように、④背浮きになるときは顔を上げて頭を介助者の肩に預けるように声かけしたり介助したりします（次ページのイラスト①〜④参照）。

水慣れしていない子どもにとって、水中での姿勢変換は怖いものです。しかし、子ども自らが起こす運動は恐怖心をもっとも少なくします。「見るところ」を指示することで子どもの頭部の運動を誘導すると、全身の姿勢変換がスムーズにできます。介助者は手だけ

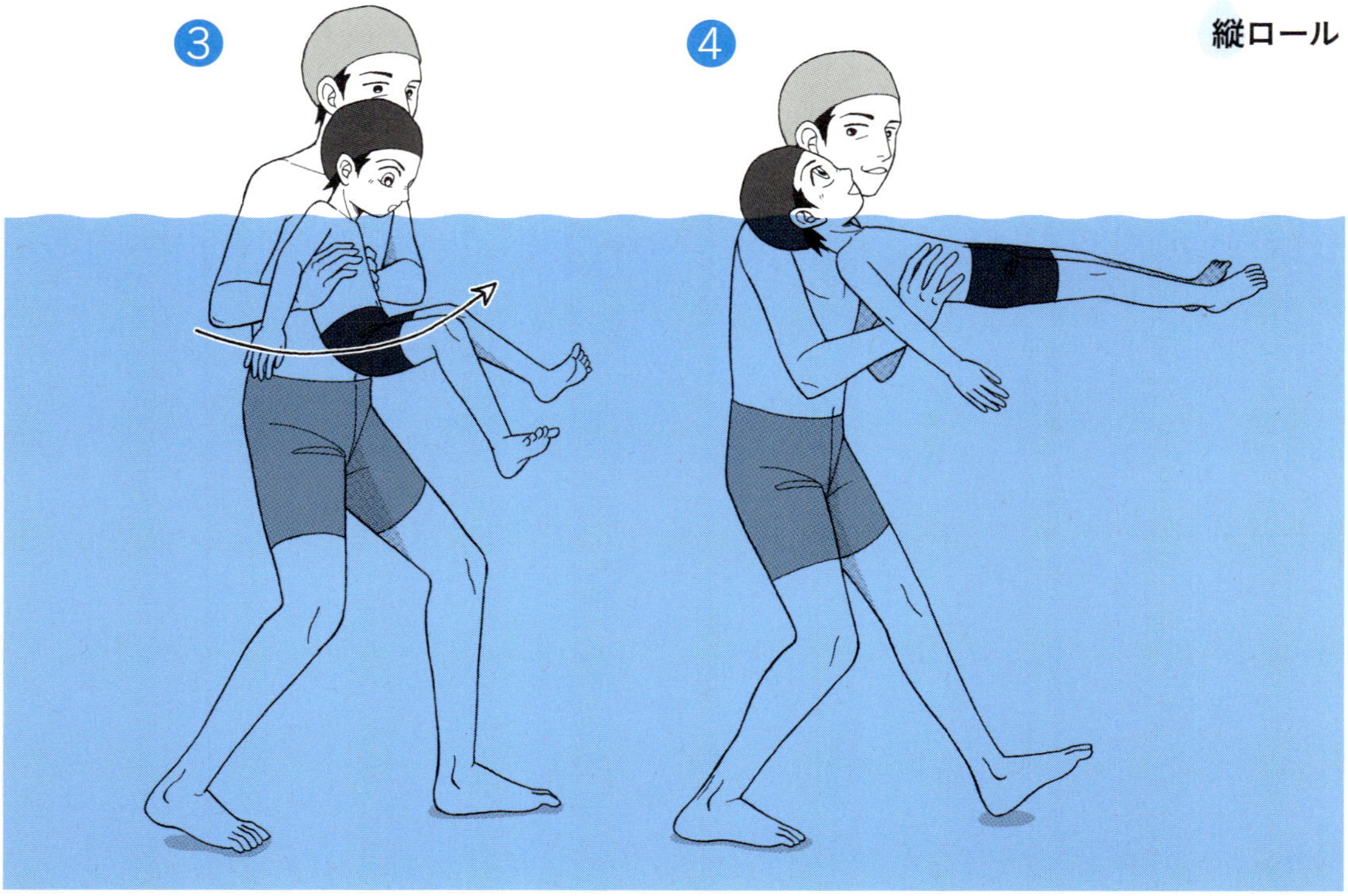

で子どもの身体を前後に振ろうとしたり、前後運動の軸を崩したりしないようにに気をつけましょう。終始子どもの表情を確認することが大切です。

12. 潜り（縦潜り）

水中で全方向へ身体を使うための第一歩です。ただし、とろみのない水分で誤《ご》嚥《えん》してしまう危険性がある子どもは、潜らせることができません。

介助者は子どもと呼吸を合わせることが大事です。子どもをおさるさん抱っこし、お互いの顔を近づけて呼吸を感じとります。呼吸を合わせたら、一方の手は子どもの頭の後ろに添え、もう片方の手で子どもの身体を支えて、子どもの胸の呼吸の動きに合わせます。吸気のあとに介助者と子どもの頭が完全に潜るまでゆっくりしゃが

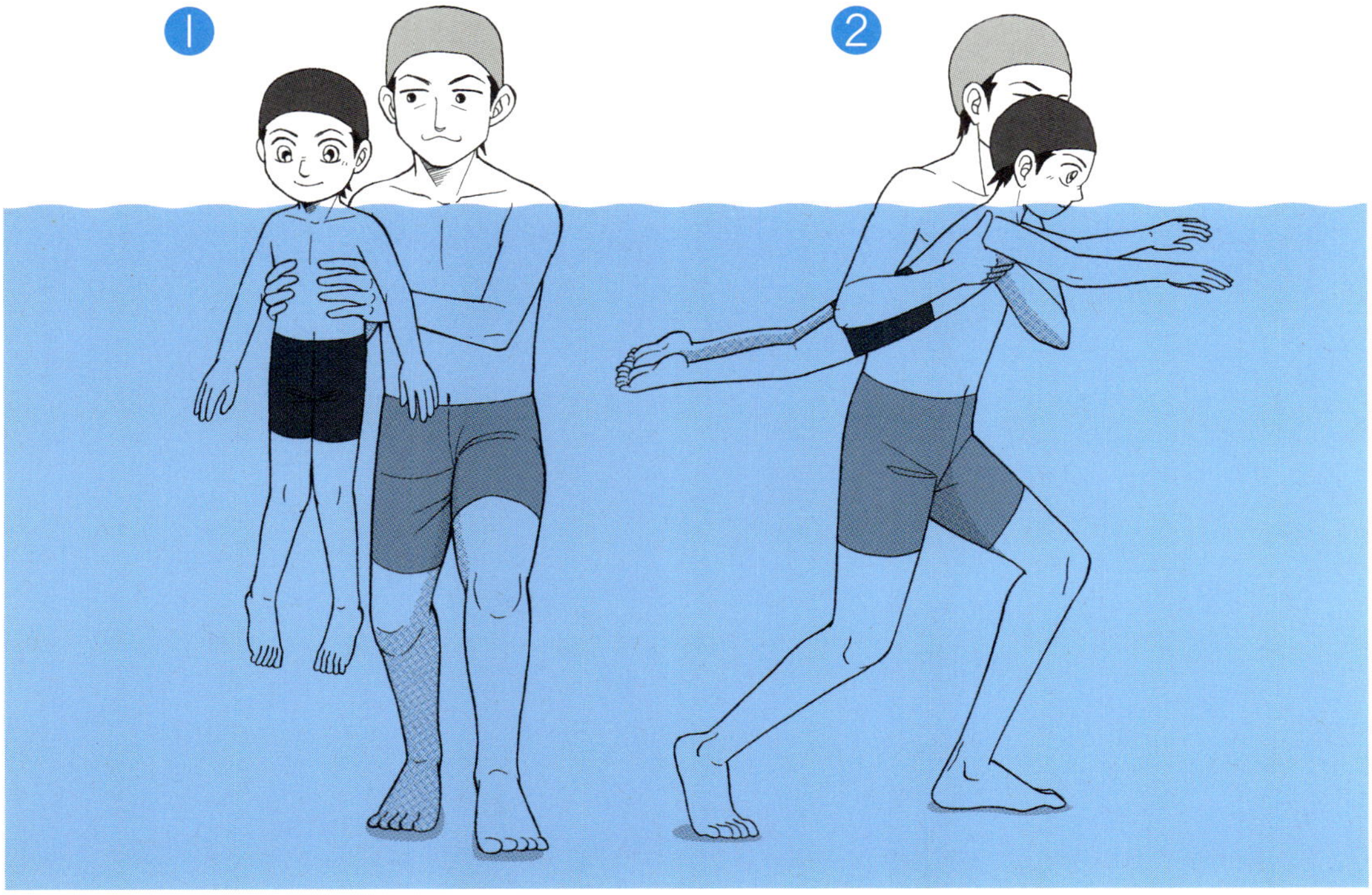

み、ゆっくり立ち上がります。慌てて行うと子どもが驚いてそり返って、口の中の水を誤嚥しやすくなるので注意してください。

顔に水流が当たることを嫌がる子どもや、上下運動が苦手な子どもに対しては、介助者が回旋しながら潜る方法もあります。このときには軸がブレないように注意し、必ず子どもの後頭側から入水します。顔面から入水すると、鼻や口に水が入りやすく、後頭側から入水すると出てきたときに顔を下に向けやすい（鼻や口に入った水が自然に出ていきやすい）というメリットがあります。どの場合も子どもがそり返らないように注意しましょう。

陸上において自分で動ける子どもの場合、介助者が触らないで自分でバランスをとり、身体をコントロールするように促します。たとえば、フロアを

利用してプールの水深を浅くして碁石拾いを行う、水中じゃんけん（「じゃんけん」で潜り、水中で「ぽんっ」とじゃんけんをして勝ったか負けたかを確認して出てくる）などがお勧めです。

13．水上パス

縦ロールの延長で、子どもを人から人へと送り出します。子どもが初めて介助者から離れて泳ぎにつながるプログラムです。送り出す側の介助者は、子どもにしっかり声かけをしながら一歩踏み出し、子どもの身体が水上で傾いたりしないように、安定した送り出しを心がけます。

いきなり離すのではなく、手渡すところから始め、徐々に離れることを経験させていきます。必ず子どもが受け手に渡ったことを確認し、受け取る側

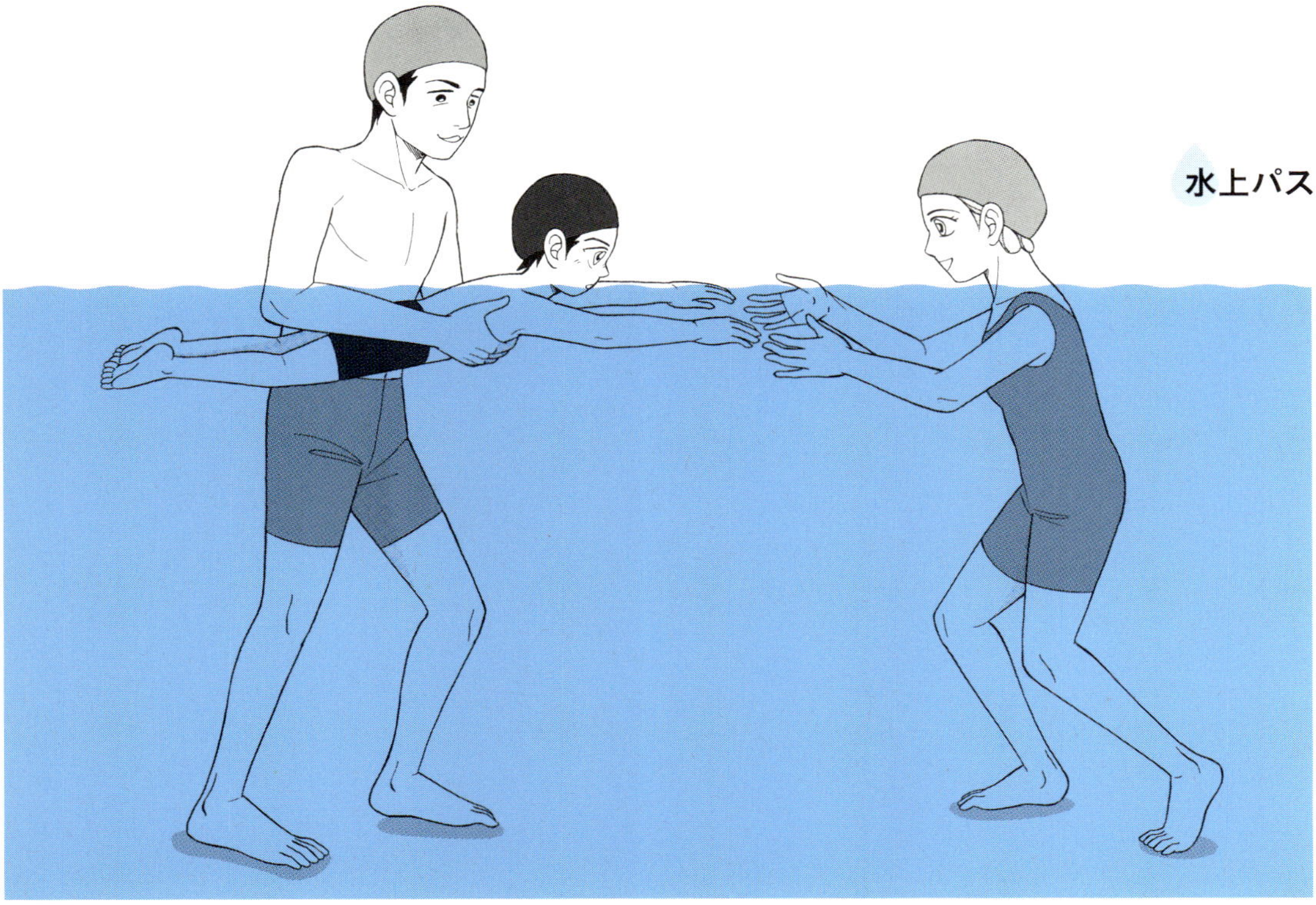

は流れを止めないように後ろに引きながら受け止めるようにします。次のステップ（水中パス）につなげるため、伏し浮きになるときには「んー」と声かけするなどして、口を閉じるようにしてあげるとよいでしょう。

14. 水中パス

水上パスの要領で水中に送り出すと水中パスになります。呼吸のタイミングを合わせることが大事ですので、最初は一緒に潜り、顔を見て呼吸も合わせるとよいでしょう。送り手側は受け手に渡ったことを確認してから手を離します。様子を見て徐々に介助者の手から離していきます。浅い潜りから始めて、慣れてきたら深い潜りにしていきます。深い潜りは水圧で筋緊張を整えてくれます。

15. 座り飛び込み

座位姿勢が安定している子どもの場合、プールサイドに腰かけてプールの壁を蹴りながら自力で入水することを促します。自立してプールに入水すること、プールの中とプールサイドの位置、環境の違いを認識することにもつながります。自らの支持面を越えた運動であるため、恐怖心からそり返ってしまうこともありますが、子どもの腹部に介助者の手を当てて丸くなりながら

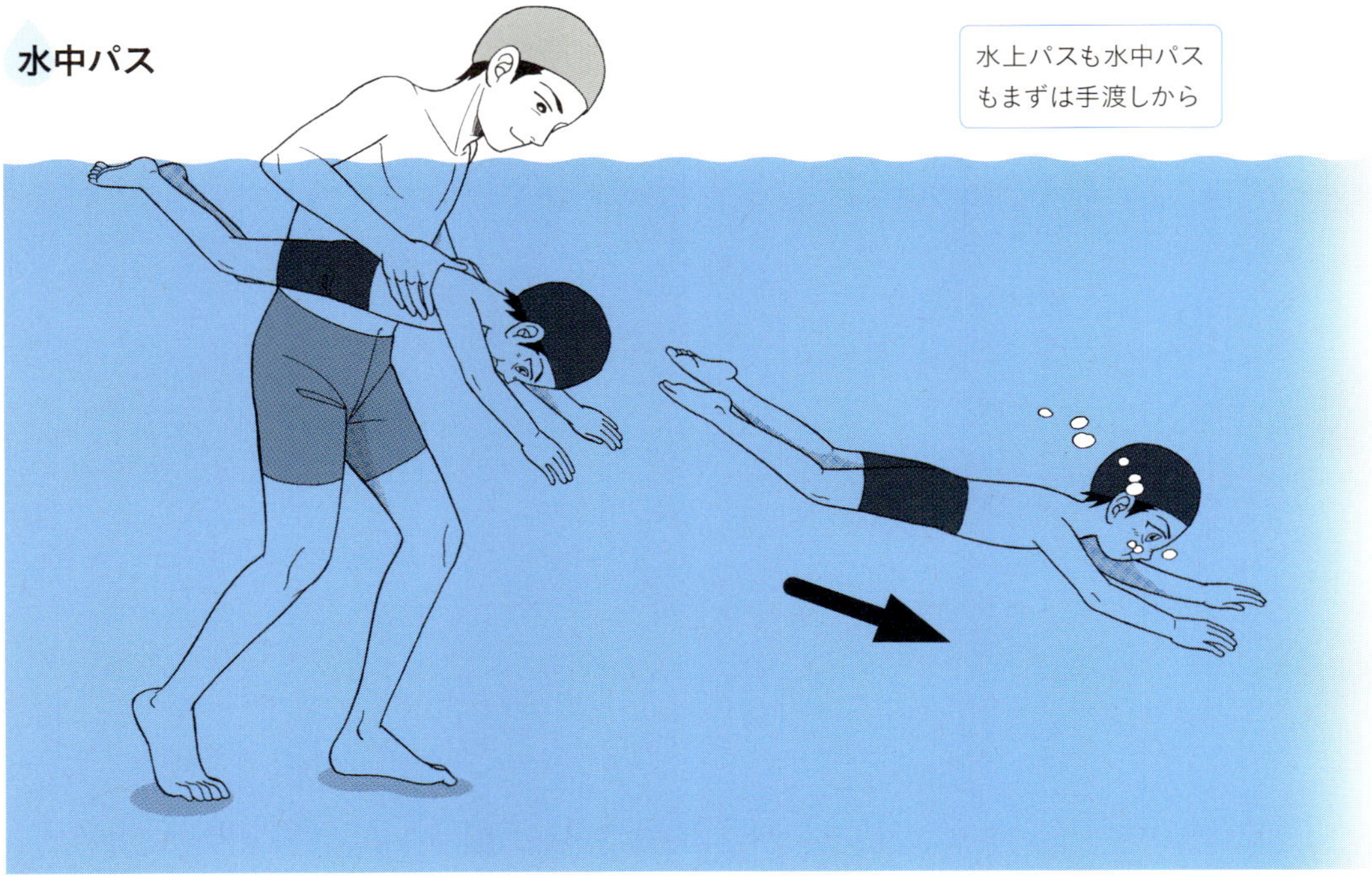
水中パス
水上パスも水中パス
もまずは手渡しから

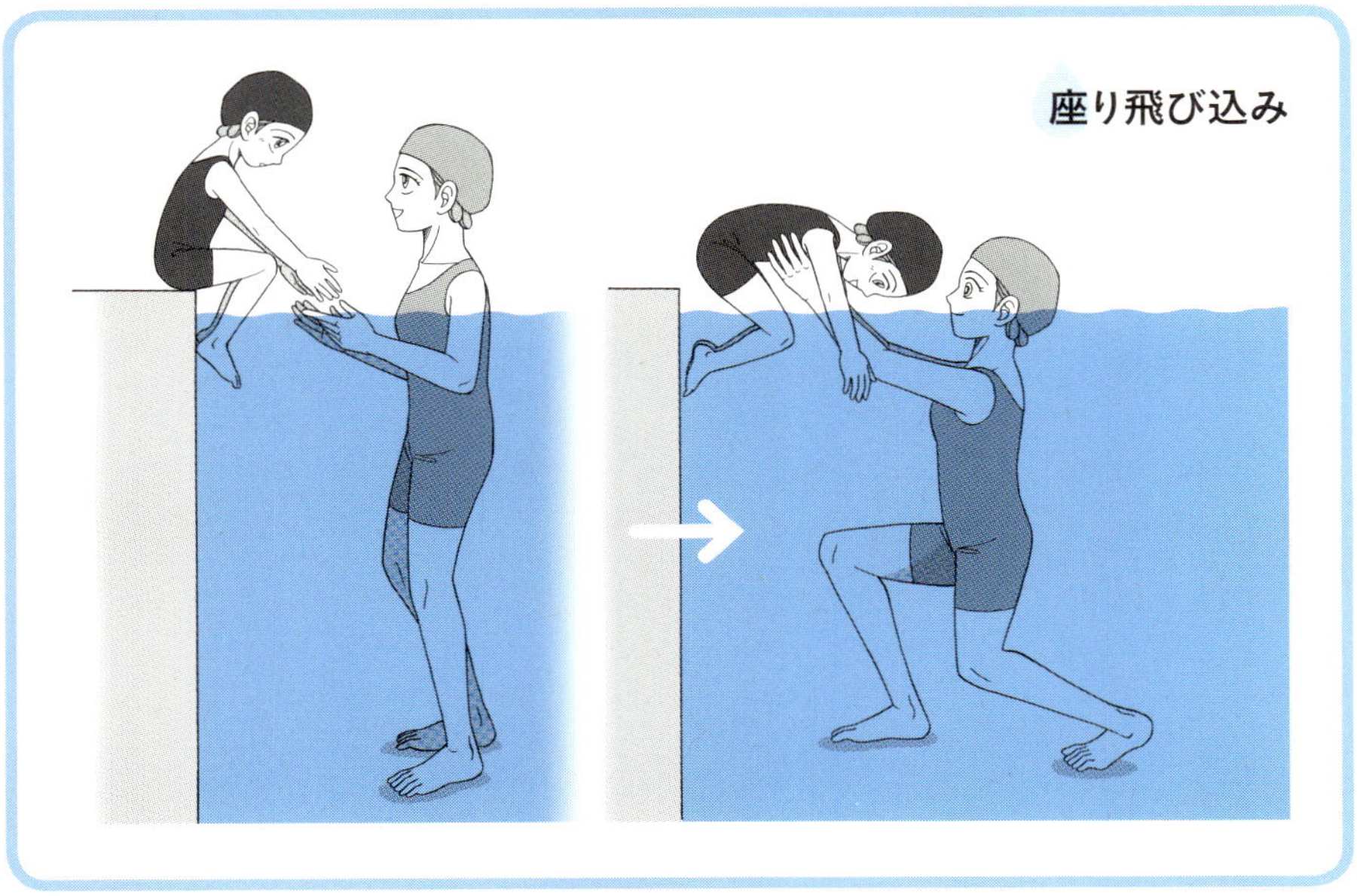
座り飛び込み

水に入るよう促し、膝から蹴り出しを誘導します。

LESSON 6

浮いて泳ぐまで

浮き身

■背浮き

顔が水上に出ているため呼吸確保には適しています。しかし、背浮き姿勢は怖さを感じやすい姿勢です。反対に重度の子では普段から多くとっている姿勢のため導入しやすいかもしれません。

後頭部を介助者の肩にのせ、腰や腋を支えます。その後徐々に支えを少なくしていきます。その際には、子どもの浮力だけで浮くように、頭部は耳が入水するくらいにし、頸部《けいぶ》はやや後屈するポジションをとります。

■伏し浮き

基本的には顔を水につけて行います。頭が水上から出ていると浮くことはできません。パスの練習時によくとる姿勢です。

■縦浮き

私たちが足の届かない深いプールで浮いているときには、身体が勝手に伏し浮きや背浮きの姿勢に変わることはありません。しかし、陸上で縦方向のバランスがとれない子たち

（自力で座れない、立てない）は、水中でも縦の姿勢を保ち続けられません。身体を縦に保つには、アームヘルパー（できれば二つの空気送入口のあるもの）をつけて練習します。

陸上でバランス練習をする場合には転倒の危険性がありますが、水中でなら水の抵抗でゆっくりとバランスが崩れるため、立ち直る時間をつくることができます。それを利用すると、頭部の動きで様々な姿勢をとることができ、水の中で漂う楽しさを味わえるようになります。

どの浮き身においても、浮き具は必要な浮力分だけを装着します。そこで次に、浮き具について考えてみましょう。

浮き具の選択と使い方――なぜ、浮き具が必要なの？

人間の身体の比重※は、平均的には0・932〜1・002と言われています。比重が1より大きいと水に沈んでしまうので、単純に考えれば、水に浮きづらい人もいるわけです。比重が大きいのは筋肉や骨なので、がっちりした筋肉質の人は浮きにくいと言えるわけです。こうした人たちでも肺が浮き袋の役割を果たしますし、自分で推進力をつくりだして進むことで脚が浮き上がってきます。

では、障害を持った子どもの場合はどうでしょう？

肺活量は少なめのことが多く、推進力も大きくありません。しかし、比重が大きい骨や筋肉が発達しておらず脂肪が多ければ、むしろ浮きやすいかもしれません。

「安全に介助するための基本」の項でも述べましたが、その子が水中でどのようなバランスで浮き、動くのかを知る必要があります。最初は浮き具をつけずに、最小限の介助で子

※比重とは「体積（大きさ）当たりの重さ」のこと。水を基準値（1）とした数値で表わす。

どもの浮き方を見ていきましょう。

でも、浮いたとしても、口と鼻が水上に出ていなければ呼吸ができませんね。身体的に重度な子どもは息継ぎが難しいため背泳ぎを指導することが多いのですが、姿勢や緊張に左右差があると、身体が回転してしまい、顔が水の中に潜ってしまいがちです。そこで、呼吸を確保するために何らかの浮き具を使うことが必要となるわけです。

浮き具の選び方

浮き具は装具と同様に、どのような素材のものを使用するのか、どの場所にどのくらいの浮力のものを使うと、どの方向に動くのかなどをよく見極め、必要最小限のものを選ぶようにします。そして、いずれは外していくことを考えます。

背浮きで泳ぐ場合には、呼吸確保のために頭部を支えることが重要なので、ネックフロートなどを使用します。その上で、下肢が沈んできて推進しにくい場合は、腰や膝の部分を支えます。そのとき、膝頭が水から出てしまわない程度にします。なぜなら、下肢が水上に出ると重力の影響を受け、重くて動かしにくくなるからです。また、頭部が浮き上がりすぎていると下肢が沈んできてしまうので、浮き具による浮力の量についてはよく検討しましょう。

縦浮きで泳ぐことを指導する場合は、アームヘルパーを使用します。この場合も浮力が大きすぎると水の上に出る部分が多くなり、結果としてバランスがとりにくくなるので注意します。

伏し浮きで泳ぐことを指導する場合は、腋窩から胸の下に浮き具を使用したり、アームヘルパーを使ったりすることがあります。息継ぎをして泳ぐことを目指すのであれば、いずれは浮き具を外していくことを考える必要があります。

浮き具の種類

■ネックフロート

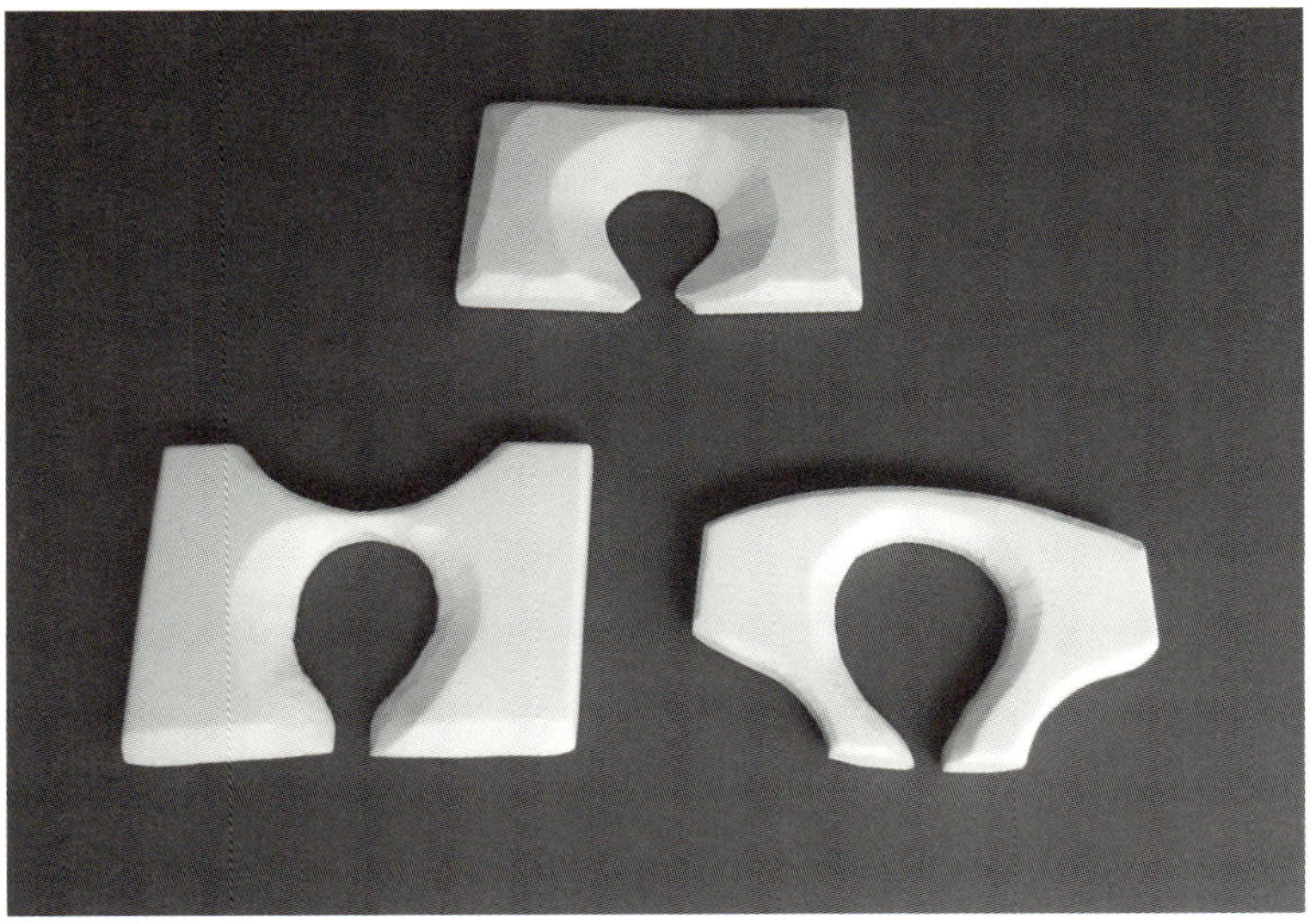
子どもに合わせたオリジナルのネックフロート

インターネットで「ネックフロート」を検索すると、赤ちゃんの首のまわりにつけて沈まないようにする浮輪が上位に出てきます。そこまで浮力が大きいものを使用すると、自分でバランスをとることができなくなってしまうので、ここではもっと浮力の小さいものを選択します。

ビート板に首を入れる穴をくり抜いたネックフロートは、覚張により1980年代に考案され、今では全国で使われています。浮力を調整するために、薄くしたり、一部を削ったりしたものも用意しておくと、指導の幅が広がります。

旅行用の空気枕もネックフロートとして使用できます。首への固定力が小さいので近位での監視が不可欠ですが、首まわりへの当たりが柔らかいため、硬さを嫌がる子どもには適しています。浮力の程度は、空気の量で調節します。形や素材はいろいろなものが販売されているので、試してみるとよいでしょう。

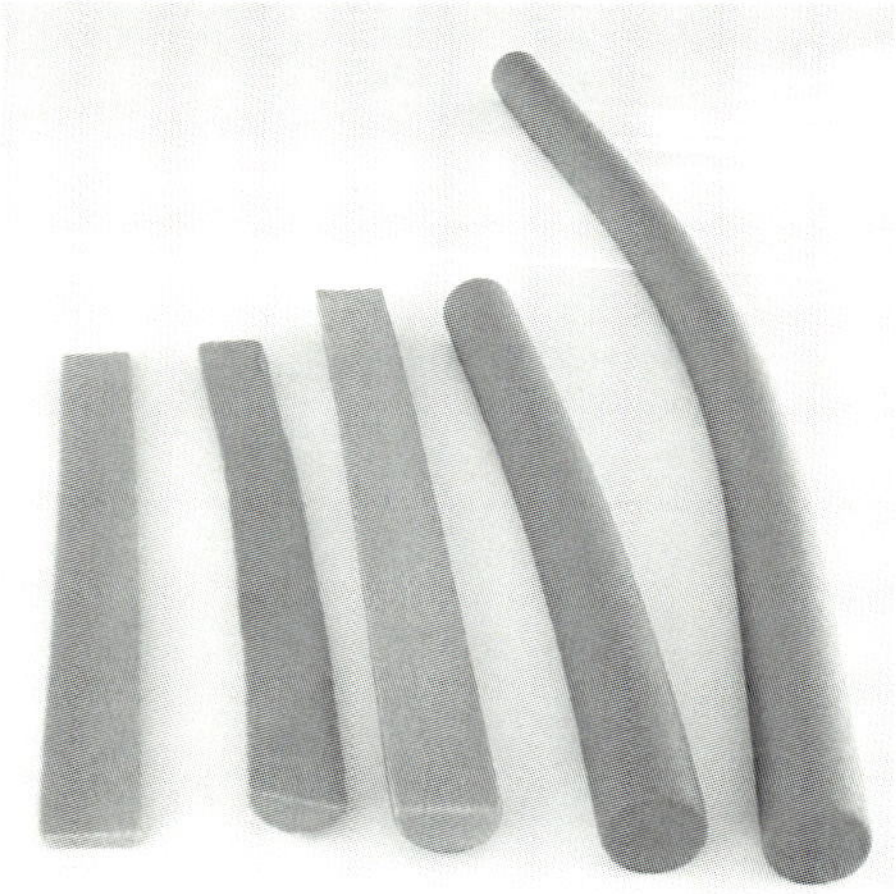

ヌードル

ヘアバンド状にしたもの

■アームヘルパー

アームリング、スイミングフィックスなどとも呼ばれます。中心部に発泡材が入っているものもありますが、二つの空気室を膨《ふく》らませて使うタイプだと、浮力の調整を行いやすいでしょう。

■ヌードル

「ヌードル」は通称で、おもに発泡ポリウレタン製の直径7センチメートルほどの棒状の浮き具で、2分の1、4分の1に切って使うと浮力が調整できます。

さらに薄く削ると、ほんの少しだけ支えたい部分に適切な浮力を与えることができ、身体の形にも沿うので安定感が生じます。頭頂が沈んでしまう子どもには、ヘアバンドのように頭に巻いて使うこともできます。

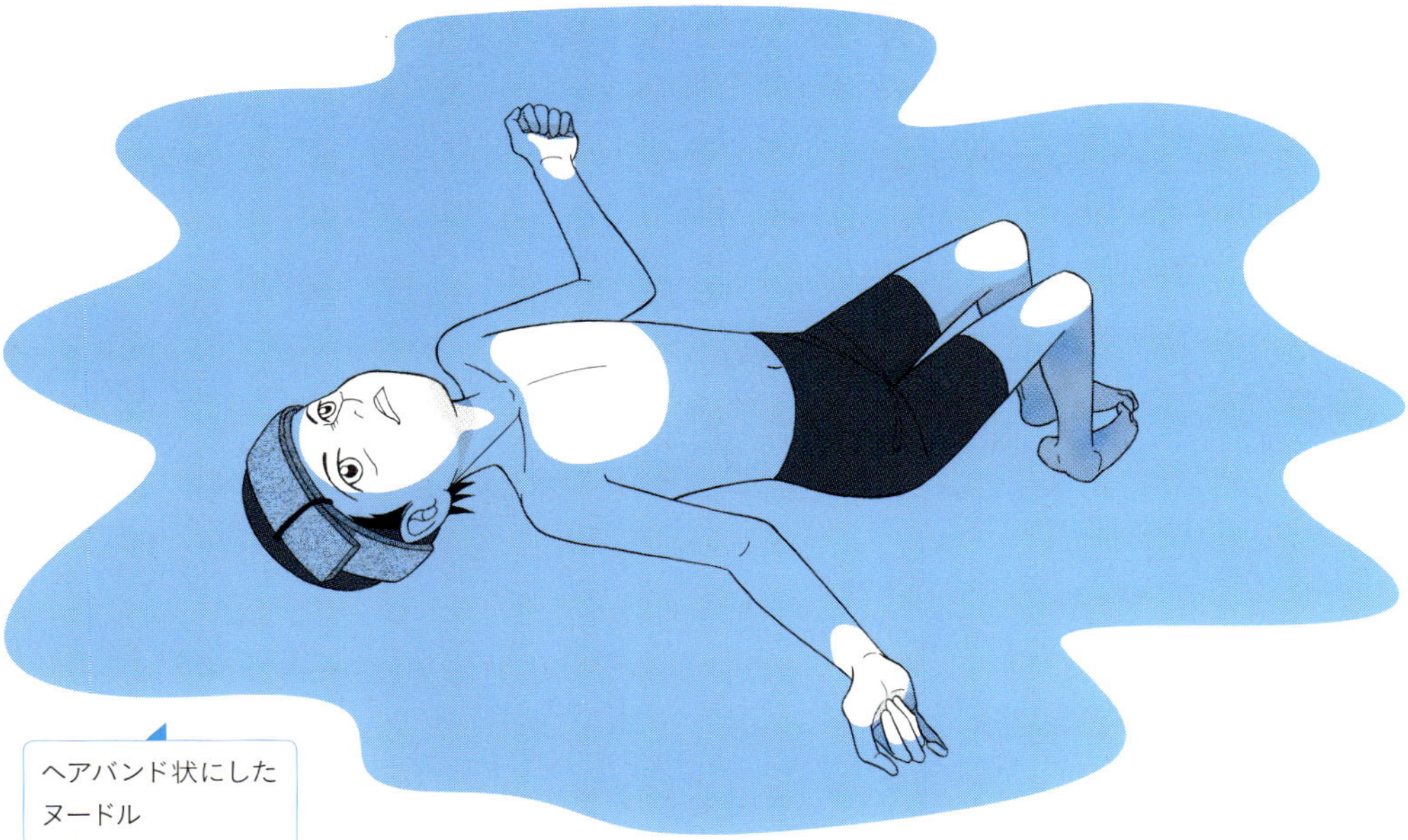

■浮輪

浮輪は、背浮き・縦浮き・伏し浮きのどの姿勢も支えることができる便利な道具です。しかし、空気をいっぱいに入れて通常の使い方をすると、腋窩から上が水上に出てしまい、子どもが自分でバランスをとったり推進したりすることを阻害してしまいます。

使用する場合は、必ず空気を少なめにして使います。浮輪の一部をしばり、子どもの身体にフィットしやすくしたり、空気の場所を調節したりすることもできます。

水の抵抗を受けやすい浮き具なので、いずれは別の浮き具に替えていくことを考えましょう。

空気量を減らし、しばって調整した浮輪

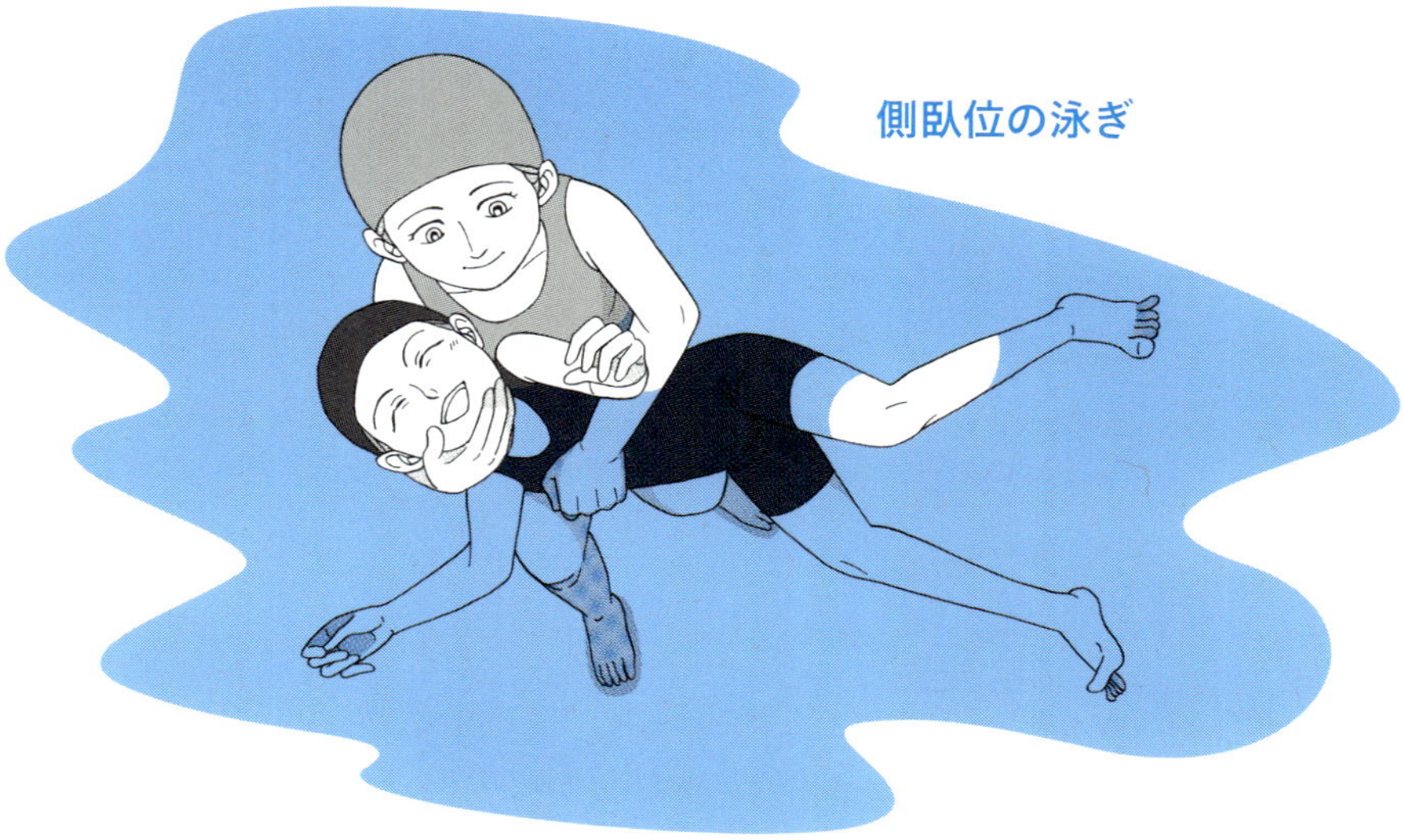

泳ぎ

水に慣れると、動かせる四肢、体幹を使って泳ぐことができます。上肢は水の中に入れて動きを促しましょう。下肢は絡まってしまうなどして動きが引き出しにくい子どもが多いので、動きやすい位置、姿勢を見つけることが重要です。側臥位にすると、下肢が絡まずに動き始めることが多いです。

側臥位で下肢の動きが引き出せるようになったら、徐々に背浮きに変えていき、背浮きでも下肢を動かせるようにしていきます。このとき、口や鼻が入水しないように注意します。

四肢体幹を自由に動かして楽しめるようになったら、徐々にストリームラインを保てるようにフォームをつくっていき、可能であれば四泳法につなげていきます。

息継ぎは難しい課題です。背泳ぎが導入しやすい泳法の一つだと言っていいでしょう。ある程度動ける子どもたち（脳性まひの両まひなど）は、背泳ぎよりも伏し浮きのほうが、怖さが少ないために導入が容易です。

なお、身体的に重度な子どもにとって、

LESSON 7

指導例――こんな子にはこんな工夫を！

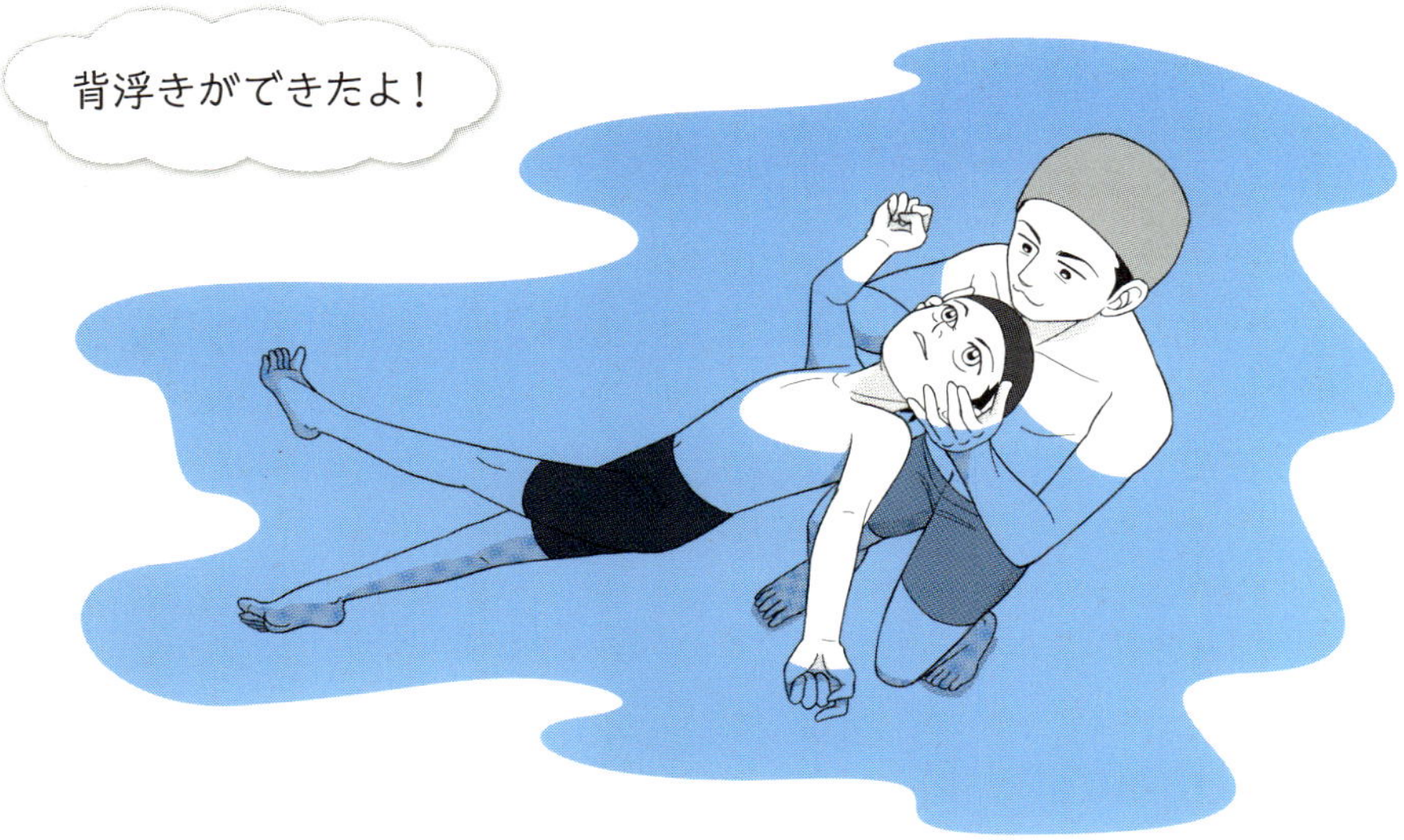

似たような特徴を持つ子どもに出会うことはよくあります。そこで、よく出会う特徴と、それに対する指導の工夫を取り上げます。実際の症例に一対一で対応するわけではありませんが、工夫の仕方や考え方の参考にしていただければと思います。

準ずるグループ

●恐怖心から水の中で丸くなってしまいバランスがとれない子

腹臥位から割座に姿勢が変換でき、割座で床上移動ができるのに、椅子座位は自力保持ができない子。股関節の屈曲を強めることで姿勢保持しており、後ろにもたれていくことができません。

水中では水に対する恐怖心があり、背浮き姿勢では頭を上げて丸くなってしまいます。伸展を促すために伏し浮きで浮輪を使うと、上肢を引き込んで体幹が丸くなるため、頭から水に沈みそうになってバランスがとれないのです。

そこで、恐怖心を少なくするために介助者がおさるさん抱っこして肩甲骨の間を支え、介助者の手を支点にして自分で後ろを見るように促し、背浮きになっていく練習を行いました。体幹が伸びやすくなったら介助者の手を浮き具に変更します。ヌードルを薄く削ったものなどを背中（介助者の手をあてていたところ）にあてがうとよいでしょう。頭部から介助して背浮き姿勢を保たせることができるようになっていきます。

背浮き姿勢を保てるようになると、陸上でも座っているときに後ろに寄りかかることができるようになったり、後ろに寄りかかって立つ練習ができるようになったりすることがあります。後ろに寄りかかって立っていられると、記念写真も立って写れるかもしれません。

●プールの床から足裏が離れるとバタバタしてしまう子

歩くことができるアテトーゼタイプ。水中では立位からしゃがんで潜ることができるのに、足裏がプールの底から離れると慌てて上下肢をばたつかせてしまいます。そこで、足がかりがなくても落ち着いていられるように段階的に練習を進めます。

まず、壁を蹴る蹴伸《けの》びの練習を行います。蹴伸びでつくりだされた水流にのることを意識させ、上肢で水を掻かないよう指示します。伏し浮きができたら、次にその姿勢から立位になる練習を行います。自分で立位になれることがわかると恐怖心がなくなり、立位か

ら伏し浮きになって水平姿勢を保てるようになりました。伏し浮き姿勢が保てるようになると、交互に下肢を屈伸して推進することができました。次の課題は息継ぎを行えるようになることです。

なお、歩行できる子どもは泳法を目指すことが可能な場合が多いのですが、アテトーゼ型の子どもの場合、顔が向いている側の上肢を自由に動かすことが難しく、上肢で水を掻いて顔を水の上に出す息継ぎが課題となります。

●体幹が非対称でねじれてくる子

上肢で支持すれば端坐位保持可能なアテトーゼタイプです。移動は車いすで介助されているか電動車いすを使用しています。

呼吸を確保するためにビート板で作製したネックフロートを首に使用し、顔が上を向いた状態で首以下がねじれていてもバランスをとれる位置を探りました。次に、首以下がねじれた場合に自力で戻ることを促しました。四肢の動きは可能な場合が多いので、水中に身体を収めたまま動ける範囲での運動を指示しました。

知的レベルが高いので、到達点（ゴール）を設定すればそちらに向かおうとしますが、到達点を設定しないほうが非対称を強めず、なめらかな動きで泳ぎ続けることができるというのが、こうしたタイプの子どもたちの特徴です。

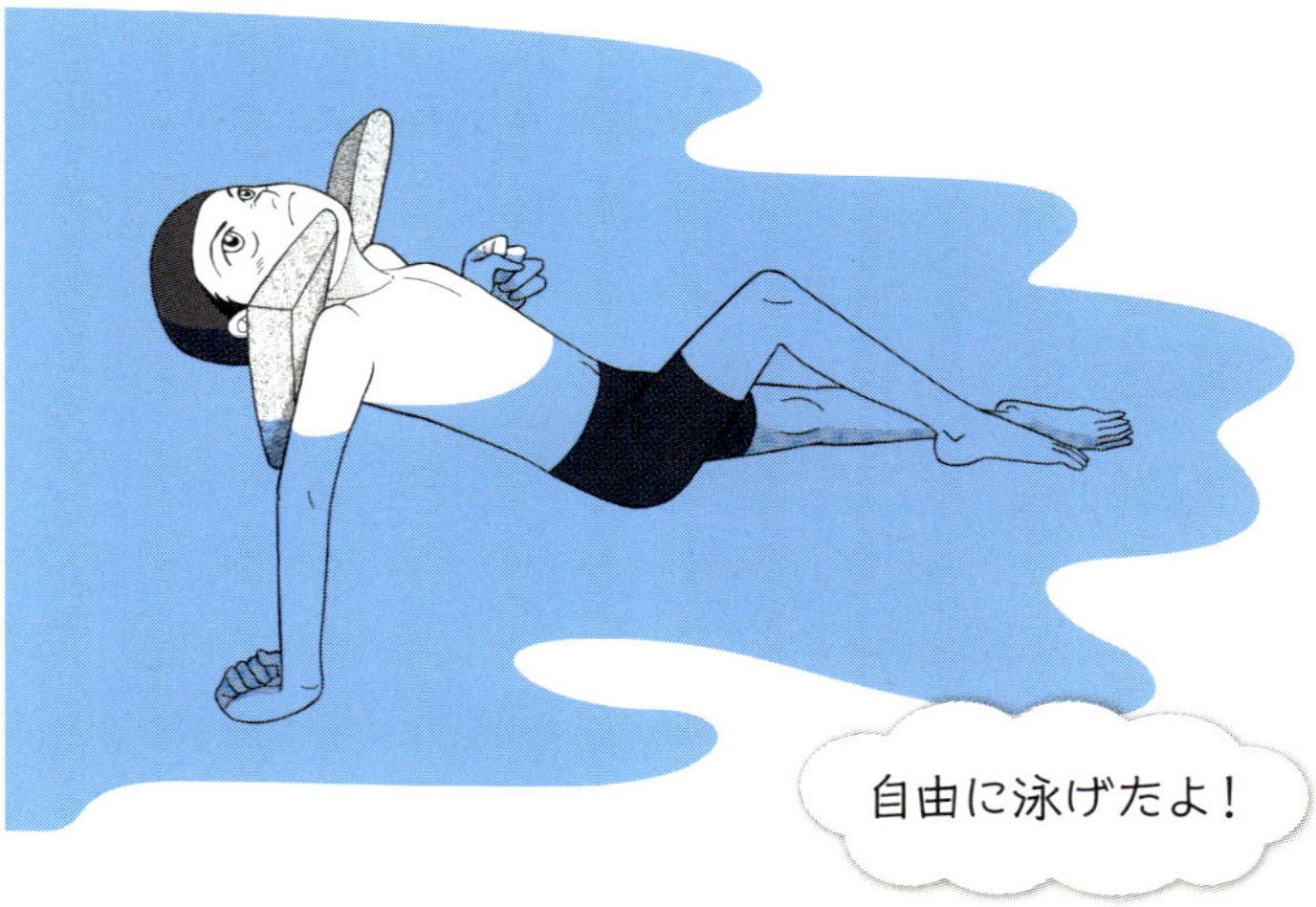

知的・知的代替グループ

●水中に潜っていることが大好きな子

運動面では問題ない自閉傾向の子どもで、泳法につないでいくことを考えます。水中では伏し浮きから水底に沈み、プールの床を手で押して浮き上がってくることを繰り返したり、水底から回転して立ち上がったりと、水と戯れることが好きです。同じ姿勢を維持することは苦手ですが、潜っている間は次ページの絵のように聴覚を遮断することで楽しんでいる場面が見られました。こうした子どもは、四肢に同側性の動きが多いため、交互性の動きを誘導することが必要です。

プログラムとしては、集団行動がとれるようにみんなと同じことをするように誘導します。言葉かけよりも動作を模倣させたり、絵や写真で伝えるほうがわかりやすいことが多いです。目が合う機会を多くするように努めると、自分から目を合わせてくるようになる場合もあります。それをきっかけに、コミュニケーションがとりやすくなるかもしれません。

潜ることが好きな子どもの中には、息が苦しいという感覚を理解しにくい子どももいますが、待っていると自分で起き上がってくる子どももいるので、慌てて無理に引き上げないようにしましょう。まず一緒に潜って様子を観察することが大切です。中には、起き上がりたいのにやり方がわからない子どももいるので、伏し浮きから起き上がれるかどうかを確認しておきましょう。

自立していくように働きかけることも重要です。社会参加に向けて、ルールやマナーを学ばせることも心がけます。公営のプールに行くために、水泳帽に慣れることも早くから心がけましょう。

自立活動軽度

●頭部を支えてあげるとさかんにキックする子

アテトーゼ型脳性まひで、座位保持も床上での自力移動もできませんが、サドル付きの歩行器に乗って、キックして進むことができます。背浮きで頭部を支えて声かけするとさかんにキックします。ただし、大きく左右に揺れて沈みそうになることが多いです。

キックを効率的な運動にしていくためには、水の中でたくさんキックする練習が必要です。キックが効率的になると、浮力が働きやすくなるので水中での姿勢がより安定しやす

くなります。

バランスをとりながらキックするために浮助具が必要な場合は、ネックフロートを使用します。ただし、首周囲を触れられることに対して拒否的な子どももいるので、そのような場合は肌触りが柔らかい旅行用空気枕を利用してもよいでしょう。その場合、旅行用空気枕は不安定なので介助の手が離せず、また進もうとするときに抵抗になることを理解しておきましょう。可能であれば、ネックフロートに替えることを目指します。

脚が絡んでしまってキックしにくい場合は、呼吸の確保に注意しながら側臥位姿勢でキックを促していきましょう。キックが可能になったら少しずつ背浮き姿勢でキックできるように練習していきます。

●下肢の屈曲が強いが左右対称な子

車いすを自走でき、下肢を屈曲したままでの介助立位・歩行が可能な子ども。体幹にも下肢にも大きな左右差はありません。

頭部コントロールがしっかりしており、体幹や下肢の運動も対称的であれば、背浮きにチャレンジしましょう。頭部と体幹の位置関係を保ち、キックさせながらどれぐらい助ければ浮いていられるか、一人で浮いていられそうかを探っていきます。左右交互のキックが浮きやすいとは限りません。屈曲位のままで両脚同時であっても、バランスがとりやすく自分で動きやすい範囲を大事にします。

それでも過剰な努力により効率の悪い動きになっているときは、旅行用空気枕などを使用して浮力を補助します。すると、安心してキックすることができ、キックが効率的になっていきます。キックが効率的になると浮きやすくなるので、徐々に空気を抜いて浮力を減らしていきます。次の課題は、手の掻きと片脚ずつのキックになります。

自立活動中等度

●縦姿勢でないとキックできない子

寝返り可能、座位保持可能で、サドル付き歩行器で交互にキックして移動できます。背浮き、伏し浮きでは怖がって下肢がつっぱり、上肢も動かそうとしません。縦姿勢にすると下肢のキッキングが見られます。

　そこで、アームヘルパーを装着して縦姿勢でキッキングを促します。さらに、縦姿勢でキックを続けながらバランスを保てる幅を広げるよう促します。

　縦姿勢以外が怖い子どもは多いので、縦ロールの練習をていねいに行い、本人の自発的な姿勢コントロールを引き出していくことが重要です。

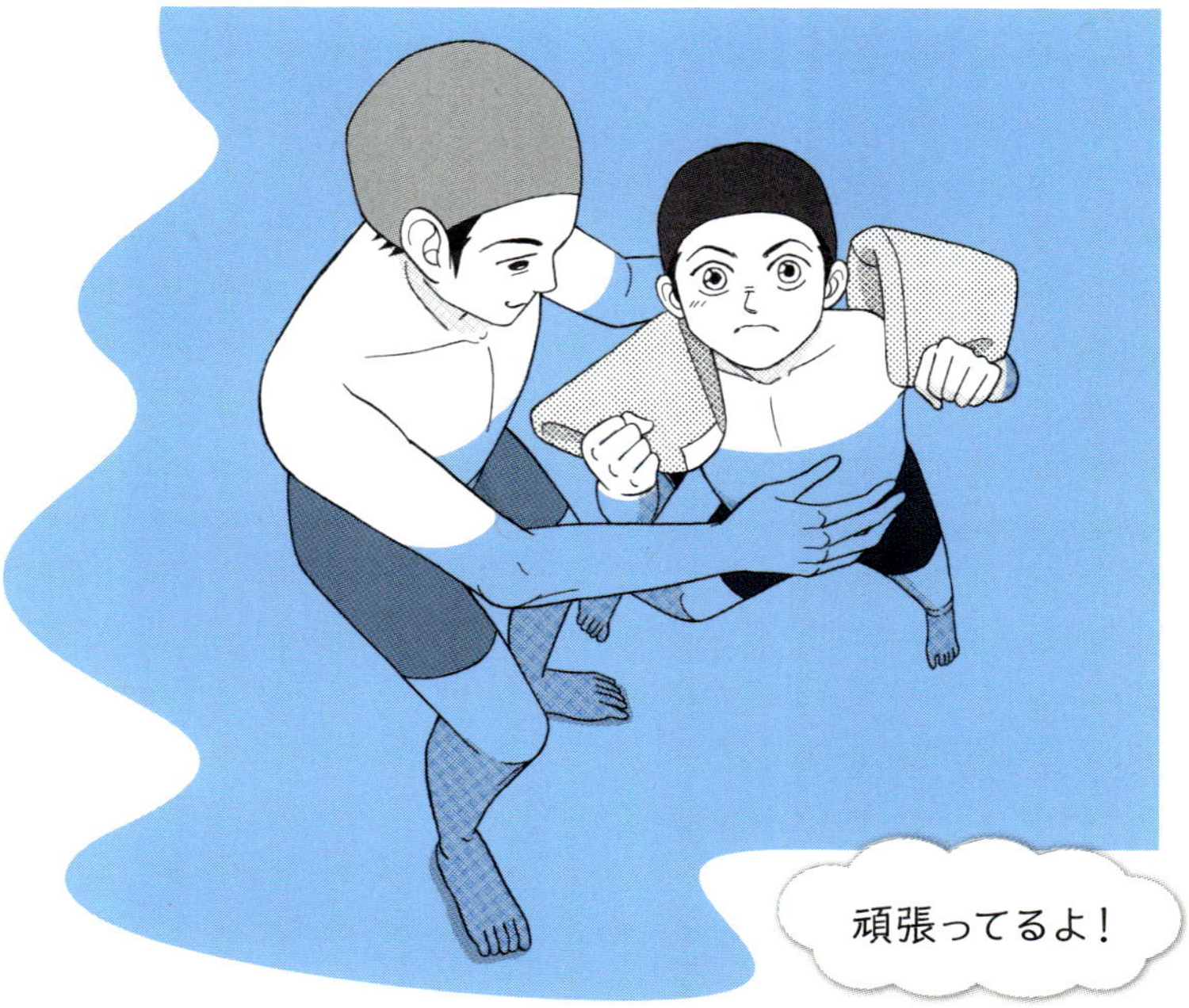

自立活動重度

●非対称なねじれが強い子

　体幹が非対称にねじれてくるアテトーゼ型です。知的障害が重度で目的的移動は行いませんが、寝返りすることが可能です。座らせれば上肢で支持することで端坐位がかろうじて可能です。

　背浮き姿勢では緊張が強く、縮めている側が沈んでいき、身体が回転していきます。呼吸を確保するためにビート板で作製したネックフロートを首に使用し、背浮きで頭部を持って呼吸を確保できる範囲で左右に回旋させ、体の回転が止まるところを探します。このとき、バランスをとるために身体を回転しながら伸展する運動が見られます。回転するために下肢のキックを用いることもあります。口頭指示によって運動を起こすことが困

難であれば、見ようとする意欲を使って頭部回旋を誘導することで推進力を得ます。

このような症例の場合、変形と筋緊張の左右差によって左右対称的な姿勢ではバランスがとれないことが多いです。むしろ、頭部と体幹の間のねじれを許すことで、浮き身バランスがとれるようになります。また、ネックフロートを上手に用いることで呼吸を確保して安全に浮き身をとることができます。

＜プール水慣れ評価表＞

氏名

評価日　　年　　月　　日

評価者（　　　　　　　）

1 腰かけキック

□プールサイドに一人で座れる

□プールサイドに一人で座れない → □右横 □左横 □後方 □水中

□一人でキックができる

□一人でキックができない → □両脚同時に誘導する □片脚ずつ交互に誘導する □誘導しない

2 入水抱っこ

□スムーズに抱っこができる

□過剰にしがみついてくる □頭がぐらぐらする □そり返る □丸くなる □しがみついてこない □バタバタしてくる □その他（　　　　　　）	→ □抱き返す □（児）顎を（介）肩にのせてから抱っこする □（児）肩を丸める※ □（児）肩を開く※

3 縦抱きで移動

□リラックスしてくる

□過剰にしがみついてくる □頭がぐらぐらする □そり返る □丸くなる □しがみついてこない □バタバタしてくる □その他（　　　　　　）	→ □おさるさん抱っこ □カンガルー抱っこに変える □コアラ抱っこに変える □抱き返す □（児）顎を（介）肩にのせる □（児）肩を丸める □（児）肩を開く □（児）上肢を（介）肩にのせる

4 伏し浮き

□伏し浮きになれる

□頭がカクンとなる □頭がそり返る □上肢が後ろに引けてくる □上肢が前につっぱってくる □体幹がそり返る □体幹が丸くなる □体が浮きすぎて臀部が水上に出てしまう	→ □（児）顎を（介）肩にのせる □（児）肩を丸める □（児）肩を開く □（児）顎を（介）手で支える □（児）上肢を（介）肩や腕にのせる □（児）骨盤から支える □（児）腹部の下から支える □このプログラムは行わない

5 アップダウン

□スムーズにできる

□頭がカクンとなる □上肢が後ろに引けてくる □上肢が前につっぱってくる □体幹がそり返る □体幹が丸くなる □体格が大きく持ち上がらない	→ □（児）顎を（介）肩にのせたままアップダウンの動きを小さくする □（児）肩を丸くする □（児）肩を開く □（児）上肢を（介）肩や腕にのせる □（介）膝の屈伸のみ行う □このプログラムは行わない

6 スイング（伏し浮き）

□スムーズにできる

□頭がカクンとなる
□頭がそり返る（左／右）
□上肢が後ろに引けてくる
□上肢が前につっぱってくる
□体幹がそり返る
□体幹が丸くなる
□下肢がはさみ肢位となる
□下肢が引き込んでいる
□ダラーンとしている

→

□（児）頭を（介）肩にのせる
□（児）肩を丸くする
□（児）肩を開く
□（児）顎を（介）手にのせる
□（児）上肢を（介）肩や腕にのせる
□浮き具の使用：上腕／体幹／足
□このプログラムは行わない

7 スイング（伏し浮き）

□リラックスして流れにのれる

□頭を上げてくる
□頭がそり返ってくる（左／右）
□上肢が後ろに引けてくる
□上肢が前につっぱってくる
□上肢が前に引き込んでくる
□体幹がそり返る
□体幹が丸くなる
□体幹がねじれる
□骨盤を引き上げてくる
□下肢が交差してくる
□下肢がつっぱってくる
□下肢が引き込んでくる
□ダラーンとしている
□下肢が開いてくる
□下肢が横倒れ（Wind blow）

→

□（介）肩にのせ頬と頬をつける（左／右）
□（児）額を時々抑える
□カンガルー抱っこにする
□肩を丸くする
□肩甲骨下制
□8の字スイングを行う
□（児）上肢を（児）腹部の上で抑える
□（児）上腕を上から握り上肢を体幹から水中で引き離す
□骨盤を両側から持つ
□一側下肢を屈曲させる
□背浮きのまま8の字スイングをする
□このプログラムは行わない

8 8の字スイング

□リラックスして流れにのれる

□頭がカクンとなる
□頭がそり返る（左／右）
□上肢が後ろに引けてくる
□上肢が前につっぱってくる
□体幹がそり返る
□体幹が丸くなる
□下肢がはさみ肢位となる
□下肢が引き込んでいる
□ダラーンとしている

→

□肩を丸くする
□肩甲骨下制
□体幹を垂直位にもってくる
□このプログラムは行わない

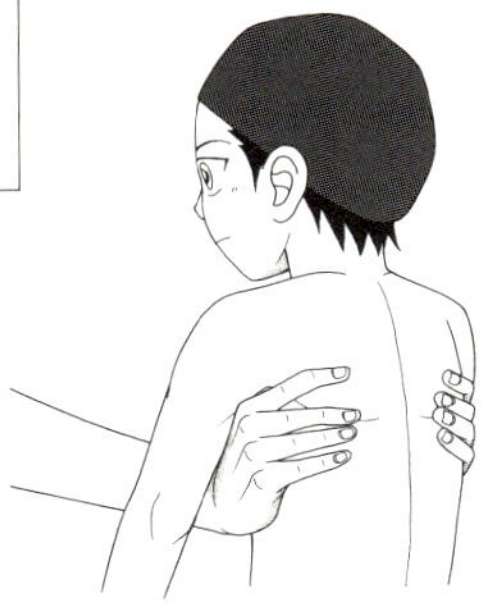

※肩を丸める

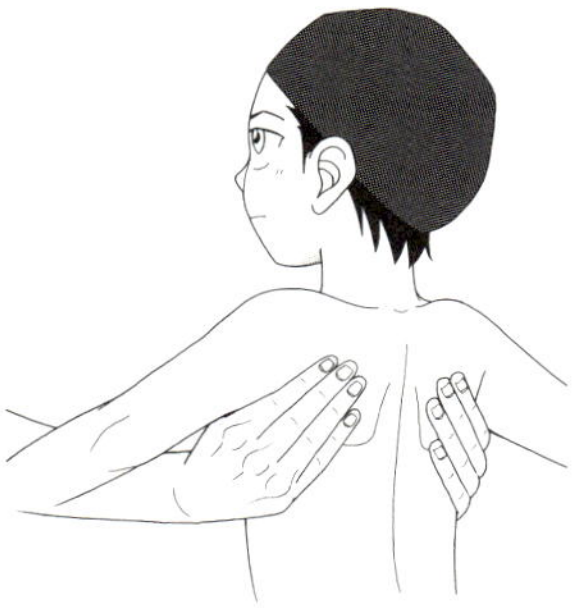

※肩を開く

9 ドルフィン（背浮き）

□リラックスして流れにのれる
□頭を上げてくる □頭がそり返ってくる（左／右） □上肢が後ろに引けてくる □上肢が前につっぱってくる □体幹がそり返る □体幹が丸くなる □体幹がねじれる □下肢がはさみ肢位になる □下肢がつっぱってくる □下肢が引き込んでいる □下肢が下がっている □下肢が開いている

→

□（介）肩にのせ頬と頬をつける（左・右）
□（児）額を時々抑える
□（児）上肢を（児）腹部の上で抑える
□（介）膝の屈伸をするのみ
□（介）下から押し上げる手を強調する
□体幹を上下から挟んで、（介）下の手で尾骨のところを押し上げる
□（介）両手を骨盤の両側から介助する
□このプログラムは行わない

10 壁蹴り

①リラックスして流れにのれる

□スムーズにとれる
□そり返る □関節に屈曲制限がある（股／膝／足関節） □下肢がつっぱってくる □非対称が強まる

→

□無理に屈曲姿勢をとらない
□（介）が包み込むよう密着して抱きかかえる
□（介）一側上肢を（児）腹部に、（介）もう一側上肢を（児）尻から膝裏に
□（児）伸展上肢を（児）腹部の前で組む
□足裏を（介）の手で包む
□足背を持って足関節を底屈させる

②蹴る

□スムーズに蹴れる
□膝のみ伸展可能 □膝、股のみ伸展可能 □そり返りを使って蹴る □下肢が引き込んでいて蹴り出しが見られない

→

□可能な限りの伸展まで
□頭を（介）の肩に寄りかからせる
□（児）の背中を（介）に寄りかからせる
□両脚で蹴ることを心がける
□膝の伸展をゆっくり繰り返す
□足の形に合わせて踵のみプールの壁につけるか、もう一人の（介）の腹部や胸を蹴らせる
□左右差がある
□（介）後方に引く時対称性を意識する

11 縦ロール

①縦姿勢～伏し浮き

□スムーズにできる

□頭がカクンとなる
□あごが引けてくる
□肩がスッポ抜ける (Slip Through)
□体幹が丸まったまま
□体幹が伸びてくる
□体幹がそり返ってくる
□体幹がそり返ったまま
□上肢が引き込む
□上肢がつっぱる
□引いていた上肢がゆるむ
□つっぱっていた上肢がゆるむ
□下肢はさみ肢位になる
□下肢はさみ肢位のまま
□下肢引き込んだまま
□下肢引き込んでくる
□引き込んだ下肢がゆるんでくる
□下肢が伸びてくる

→

□ (児) 頭部が前屈しない範囲で体幹を前傾させる
□ (介) 上肢に (児) 顎をのせる
□ (介) 上肢に (児) 腋窩をのせる
□ (介) 上肢に (児) 胸をのせる
□ (児) の後頭部を抑える
□ (児) の後頸部を抑える
□ (児) の肩甲帯の後ろを抑える
□ (児) 両わきを支え両肩を丸くする
□ (児) 両肩を開く
□ (介) 頬と (児) 頬をつける
□ (児) の上肢を交差させて顎をのせる

②伏し浮き～背浮き

□スムーズにできる

□頭がカクンとなる
□頭がそり返ってくる
□体幹が丸まったまま
□体幹がそり返ったまま
□体幹がそり返る
□肩がスッポ抜ける
□上肢が引き込んでくる
□上肢がつっぱる
□下肢はさみ肢位になる
□下肢はさみ肢位のまま
□下肢引き込んでくる
□下肢引き込んだまま

→

□ (児) を両わきからサポートして両肩を丸める
□ (児) を両わきからサポートして両肩を開く
□ (介) 体側と上肢で挟み込む
□体幹をサポートする
□ (介) 上肢に上半身をのせる
□伏し浮きまでの姿勢をとらない
□縦姿勢を中心とした小さい範囲を行う
□ (介) の肩に (児) 後頭部をのせる
□伏し浮き～縦姿勢、縦姿勢～背浮きを分けて別々のプログラムとして行う

③背浮き～縦姿勢

□スムーズにできる

□頭がそり返る
□体幹がそり返ったまま
□体幹が丸まってくる
□上肢が引き込む
□上肢がつっぱる
□下肢はさみ肢位のまま
□下肢はさみ肢位がゆるむ
□下肢が引き込んでくる
□下肢が引き込んだまま
□下肢が突っ張ったまま

→

□ (児) 両肩を丸める
□ (児) 両肩を開く
□声かけで水面を見させる (顎を引かせる)
□背浮きまでの姿勢をとらない

⑫ 潜り（縦潜り）

□潜れる		
□頭がカクンとなる □頭がそり返る □上肢を引いてくる □上肢をつっぱってくる □体幹がそり返る □体幹が丸まってくる □下肢はさみ肢位のまま □下肢引き込んだまま □体格が大きい □水から上がる時にそり返る □恐がる □呼吸のタイミングがつかめない	→	□頭を前屈方向に支える □（児）頬と（介）頬をつける □脇抱き □回旋を入れながら入水 □声を出させる □胸郭の動きを見る □（介）と同じリズムに合わせる（呼吸介助） □声かけ □このプログラムは行わない

⑬ 水上パス

①送るとき

□スムーズに送り出せる		
□頭がカクンとなる □顎が引けてくる □肩がスッポ抜ける (Slip Through) □体幹が丸まったまま □体幹が伸びてくる □体幹がそり返ってくる □上肢が引き込む □上肢がつっぱる □下肢はさみ肢位になる □下肢はさみ肢位のまま □下肢引き込んだまま □口が開いたまま □上下肢がばたばたする	→	□腋から顎も支える □（児）上肢を前に持ってきて上腕に顎をのせる □（介）頬と（児）頬をつける □（児）両肩を丸くする □（児）両肩を開く □上腕を引き上げる □（介）体幹と上肢を挟み込む □より密着する □声かけ（手を前に出して／顔を上げてなど） □立位に近い肢位で行う □体幹の安定性を保つために（介）の体幹と上肢で挟み込む

②受け取る時

□スムーズに受け取れる		
□頭を下げて潜っていく □手を前に出そうして首がそる □顔を水につけたなくてそってしまう	→	□腋から受け取る □上腕から受け取る □手から受け取る □プールサイドにつかまらせる □このプログラムは行わない

14 水中パス

①送るとき

□スムーズに送り出せる
□自分で息が止められる □潜るとき（介）が呼吸を合わせればできる □頭がカクンとなる □頭がそり返る □頭を上げてしまう □上肢が後ろに引けてくる □上肢がつっぱってくる □体幹がそり返る □体幹が丸まってくる

→

□腋から顎も支える
□（児）上肢を前に持ってきて上腕にあごをのせる
□（介）頬と（児）頬をつける
□（児）両肩を丸くする
□上腕を前に引き出す
□より密着する
□声かけ（手を前に出して／顔を上げてなど）
□（介）がいっしょに潜る
□このプログラムを行わない

②受け取る時

□スムーズに受け取れる
□息を止め続けられる □出るときに水を飲んでしまう □自分からすぐに頭を上げてしまう □頭を上げてこない □キッキングが見られる

→

□顎を引かせたまま
□両肩を丸くする
□腋から受け取る
□上腕から受け取る
□手から受け取る
□水上に顔が出てから受け取る
□（介）潜って受け取る
□（介）潜らないで受け取る

15 座り飛び込み

□スムーズに飛び込める
□視線を合わせられる □視線を合わせられない □頭がカクンとなる □頭がそり返る □上肢を引いてくる □上肢をつっぱってくる □体幹がそり返る □前に移動することに抵抗してくる □体幹がつぶれてくる □下肢が突っ張っている □下肢引き込んでくる □股関節の可動域制限によって座位保持できない

→

□後方から第二の（介）が支える
□体幹の伸展を助けながら頭部挙上を誘導
□声かけ
□股屈曲を入れて骨盤を後方から起こす
□（児）が自分の腹部を見るように誘導
□（児）両上肢から誘導
□プールサイドに浅く座らせる
□体幹を腋からサポートする
□（児）両肩を丸くする
□（児）両肩を開く
□（介）が水中でいすの役割をする
□入水しきるまで体幹をサポート
□このプログラムは行わない

おわりに

水泳は、生涯を通じて楽しめるスポーツでありレクリエーションです。そうするためには、年齢（発達段階）を見通した取り組みが必要になります。

小学校低学年のうちは、水の中での様々な姿勢運動を体験するために、プログラムの体験自体が大切になってきます。高学年から中・高校生にかけては、個別のプログラムの中で、自らの泳ぎを獲得することが目標となります。高校卒業までに泳ぎを獲得することができていると、卒業後もプールに出かけて楽しむことが可能です。

また、この間にプールで更衣できること、プールサイドで順番を待てること、水泳帽をかぶっていられることなど、泳ぐことに付随した社会的な事項も学んでおく必要があります。プールに行くまでの公共交通機関の中でルールを守ること、家族のみでなくヘルパーさんとも行動できることなども、継続的にプールに通うために必要な事柄となるかもしれません。

どうか高校卒業後もプールで水と親しみ、泳ぐことを楽しみ続けられるよう、長期的な展望を持った指導を行っていただければと思います。

最後に、次の皆さまにもご協力をいただきました。

どうもありがとうございました。

直井雅子様、泉博子様、小杉淳子様、松田薫様、廣戸優尊様、石橋涼子様
加藤はる江様、中村愛様、寺田美智子様、竹上節子様、濱口明彦様、李沢佳奈様
玉田喜代志様、大森伸太郎様、花岡淳子様、中原規予様、城田雅幸様、中島愛様
久米洋子様、足立いく様、大野亜弥様、水上直彦様、堤将太郎様、小島輝夫様
黒川洋明様、竹井仁様、工藤未来様、芋川恵美子様、よこやまあやね様
藤澤春奈様、西山亜紀様、田村祐人様、金子尚真様、上野圭子様、笹村俊之様
小畑甚盛様、垣内ゆりか様、戸張佑奈様、奈良淳平様、村上紀子様、對馬志津様
猪股佑吏様、吉倉和宏様、城良二様、菅沼雄一様、板橋りょう様、石塚美優様
橘みき様、河野桂様、渡辺昌英様、中村節子様、河野洋志様、中島久三子様
稲垣功一様、山本純子様、松田和可子様、内海未来様、窪田道年様・智恵子様
増渕清隆様、鈴木才代子様、岩城昌子様、染谷淳司様

他33名の皆様

直井寿徳 ／ なおい としのり
1988 年都立府中リハビリテーション専門学校卒業。同年理学療法士資格取得。
日本肢体不自由児協会心身障害児総合医療療育センターを経て、2004 年よりスマイル訪問看護ステーションに勤務。

増渕順恵 ／ ますぶち よしえ
1986 年社会医学技術学院卒業。同年理学療法士資格取得。
日本肢体不自由児協会心身障害児総合医療療育センター職員

鈴木ほがら ／ すずき ほがら
1988 年都立府中リハビリテーション専門学校卒業。同年理学療法士資格取得。
日本肢体不自由児協会心身障害児総合医療療育センター職員

心身障害児総合医療療育センター療育研修所の講習会「障害児・者のプール指導」の講師、東京都理学療法士協会現職者講習会「小児の水中運動療法」講師をともに勤め、障害児の水泳指導の考え方、手法を全国の理学療法士、療育に携わる職員に伝えている。また、地域の障害児自主グループや肢体不自由児特別支援学校においても講習会、プール指導を行い、現在に至っている。

障害を持った子どもたちのための水泳指導

2018 年 11 月 30 日　初版発行

共著　直井寿徳・増渕順恵・鈴木ほがら

発行者　小林真弓
発行所　株式会社エッセンシャル出版社
〒103-0001　東京都中央区日本橋小伝馬町7-10
ウインド小伝馬町 Ⅱ ビル6F
Tel 03-3527-3735 Fax 03-3527-3736
URL http://www.essential-p.com/

印刷・製本　シナノ印刷株式会社
製作協力　株式会社こうゆう

ISBN978-4-907838-91-1　C0075